você é
sensitivo?

você é
sensitivo?

TÉCNICAS
para despertar seus poderes inatos

Julie Soskin

Tradução de Euclides L. Calloni

EDITORA PENSAMENTO
São Paulo

Título do original
Are You Psychic? Dozens of Techniques for Boosting your Innate Powers.

Copyright do texto © 2002 Julie Soskin.

Compilação © 2002 Carroll & Brown Ltd.

Traduzido do livro originalmente produzido por
Carroll & Brown Ltd.
20 Lonsdale Road, Queen's Park
London NW6 6RD

Editor: Yvonne Deutsch
Editor de Arte: Gilda Pacitti
Designer: Evie Loizides-Graham
Fotógrafo: Jules Selmes

O primeiro número à esquerda indica a edição, ou reedição, desta obra. A primeira dezena à direita indica o ano em que esta edição, ou reedição, foi publicada.

Edição	Ano
2-3-4-5-6-7-8-9-10-11	03-04-05-06-07-08-09-10

Direitos de tradução para o Brasil
adquiridos com exclusividade pela
EDITORA PENSAMENTO-CULTRIX LTDA.
Rua Dr. Mário Vicente, 368 — 04270-000 — São Paulo, SP
Fone: 272-1399 — Fax: 272-4770
E-mail: pensamento@cultrix.com.br
http://www.pensamento-cultrix.com.br
que se reserva a propriedade literária desta tradução.

Impresso pela Imago, Cingapura.

Sumário

Introdução

As pessoas usam freqüentemente a expressão "sensações viscerais, ou instintos". Essas são um saber difícil de expressar racionalmente ou de confirmar intelectualmente. Muitas vezes ouvimos as pessoas dizerem coisas como "Eu sabia que devia ter feito aquilo", e geralmente há uma sensação premente de que algo está certo ou errado, sem que nada a justifique. De onde vem essa sensação? Existe uma faculdade psíquica ou intuitiva inata de que todos podemos beneficiar-nos? Como podemos entrar em contato com ela? E se isso acontecer, não confiaremos nesse sentido extra a que freqüentemente nos referimos como sexto sentido?

Ao longo deste livro, examinaremos até que ponto você usa os seus sentidos psíquicos e como poderia desenvolver um potencial psíquico. Aceitando a visão mística de que todos temos a divindade dentro de nós, podemos todos entrar em contato com a consciência superior, em sintonia com as informações que estão além dos meios normais?

Para muitas pessoas, a própria idéia de ser sensitivo lhes lembra um parque de diversões. Mas quase todas, em algum momento da vida, consultaram o horóscopo nos jornais ou leram algum dos cada vez mais numerosos artigos ou livros sobre assuntos relacionados com o tema, ou inclusive chegaram a visitar um vidente ou médium. Os últimos vinte anos têm revelado um interesse generalizado e intenso por temas psíquicos e espiritualistas, tanto mais que a paranormalidade saiu das sombras e passou a fazer parte do dia-a-dia das pessoas. Por que então existe tanto interesse por esse assunto tão antigo?

Para ter acesso à informação psíquica, o buscador precisa ser um instrumento depurado, o que geralmente exige algum tipo de desenvolvimento pessoal ou processo de transformação. O termo psíquico se refere a uma força invisível, e deriva da palavra psique, que significa pertencente ou relativo à alma, à mente, ao espírito. Na história alegórica grega da princesa mortal, Psiquê, ela precisou suportar muitas provações e tribulações para mostrar-se digna de ser a companheira do deus do amor, Eros. Quando finalmente recebe a taça da imortalidade, ela desenvolve asas de borboleta, antigo símbolo da alma. Essa história sugere que, na busca do amor incondicional, nós também podemos ser transformados.

É possível que um dos nossos maiores atributos seja a nossa curiosidade, o nosso desejo de aprender, de tornar a nossa existência uma perpétua aventura de aprendizado. Neste livro, analisaremos algumas questões interessantes sobre quem somos; tentaremos ver também se somos sensitivos e, se formos, como podemos ampliar e possivelmente usar as qualidades psíquicas que temos.

Estudaremos formas de sensibilidade que o ajudarão a avaliar até que ponto você pode confiar no seu saber interior e que o auxiliarão na sua viagem de descoberta. Só você pode decidir o que finalmente fazer com os seus talentos. Qualquer pessoa com dez dedos nas mãos pode, com dedicação e perseverança, aprender a tocar uma melodia num piano. Poucas, porém, se tornarão pianistas profissionais. O mesmo acontece com as qualidades psíquicas. Toda pessoa que tenha um desejo intenso de usá-las será capaz de ter acesso à sua intuição. Mas são poucas as pessoas que são capazes de trabalhar como profissionais na área, ou mesmo que gostariam de fazer isso.

Você é sensitivo? está organizado para possibilitar um intercâmbio interativo. Ele contém questionários e exercícios simples que lhe darão imediatamente alguma forma de avaliação sobre as suas possibilidades e virtual sucesso nas várias áreas do psiquismo. Freqüentemente são dadas sugestões sobre como fortalecer os seus "dons" realizando os exercícios e práticas do livro. Se o processo de descoberta tiver êxito, você deverá ser capaz de usar a sua intuição de maneira proveitosa na vida diária. Você poderá ver por si mesmo como uma nova perspectiva pode ajudá-lo não somente a ser consciente do que o cerca nesse momento, mas também a assumir a responsabilidade pelo seu próprio destino.

O primeiro capítulo de *Você é sensitivo?* ajuda-o a descobrir algum talento psíquico latente que você possa ter e a desenvolver o seu potencial sensitivo. Você é intuitivo? Os seus sentidos estão suficientemente despertos? Você conhece a sua vontade e usa o pensamento positivo? A sua mente tem poder sobre a matéria? O capítulo também oferece condições de entender como a meditação, o refinamento da sua visão psíquica e a compreensão dos chakras e da aura podem levar a descobertas profundas.

O capítulo seguinte aborda as Percepções Extra-Sensoriais. É possível ler mentes? Viajar para lugares sem se levantar do sofá? Perscrutar o futuro? Ou decifrar sonhos que lhe informam as necessidades que você tem?

O capítulo 3 analisa os recursos psíquicos que estão à sua disposição. Astrologia, I Ching, Tarô, Cristalomancia, Quiromancia e Rabdomancia – todos esses meios podem levar a informações difíceis de ser obtidas por outras formas de comunicação.

O capítulo 4 trata da cura espiritual e das técnicas que levam ao equilíbrio das energias para a saúde e para o bem-estar. O corpo nos fala por meio da doença; sendo assim, o que podemos fazer para curar a nós mesmos? Você pode desenvolver suficientemente os seus poderes inatos de modo a curar não só a si mesmo, mas também outras pessoas? O leitor será orientado sobre o uso de recursos específicos, como cristais, música e cores. Essa seção termina com belas páginas coloridas, que além de informar também podem ser usadas com fins de meditação e cura.

O capítulo 5 volta-se para a comunicação com seres não-físicos. Você já deparou com um fantasma? Existem coisas como *poltergeists*? Os anjos realmente nos ajudam ao longo da nossa vida? Você poderia ser um xamã, ser um canal através do qual os espíritos da natureza se manifestam ou fazer contato com um espírito-guia?

A penúltima seção se concentra na proteção psíquica. Para desenvolver os seus poderes intuitivos, você precisa ter bom senso e estar protegido. Algumas autodefesas psíquicas são usadas na parte 5 para ajudá-lo ao longo do processo. Finalmente, no último capítulo, analiso as implicações de começar a ver o mundo por meio dos níveis superiores de consciência. Qual a melhor forma de canalizar essas energias? O karma realmente atua em nossa vida? O que é o eu transpessoal? Ele pode realmente contribuir com a função da nossa intuição?

Ao entrarem no mundo psíquico, as pessoas muitas vezes perdem de vista a alegria de viver e o prazer da aventura. Neste livro, espero injetar algum deleite no importante tema do modo como lidamos com as forças psíquicas em nossa vida e do que portanto podemos alcançar.

Mantenha um Diário Psíquico

Uma das melhores maneiras de desenvolver as suas habilidades psíquicas é registrar percepções, idéias, sonhos e observações num caderno especial. Esse procedimento o treinará a ser cada vez mais consciente de si e lhe dará um ponto de referência que o ajudará a acompanhar o seu progresso e os seus problemas. Talvez você comece fazendo-se as perguntas sugeridas na página 11 para orientar o seu crescimento psíquico. A lista pode conter coisas que você esteja tentando superar, alcançar ou melhorar. Conserve o caderno junto à cabeceira da cama para registrar os sonhos que tiver (página 72) e também os pensamentos que ocorrerem durante o dia. Todas as noites, antes de

adormecer, reveja os acontecimentos do dia, procurando lembrar-se dos seus sentimentos e experiências e também das reações das outras pessoas. Não se deixe levar pelas emoções provocadas pelas situações – seja objetivo. Faça-se perguntas. Como as pessoas reagem a você e que energia sua provoca essa reação delas? Seja honesto na sua avaliação – assim você chegará à necessária síntese para o sucesso no trabalho psíquico.

Regras de Ouro

Escreva as seguintes diretrizes no seu diário como lembrete constante para usar as suas habilidades psíquicas com ética e responsabilidade:

Só dar informações psíquicas quando solicitado.

Não exagerar suas capacidades psíquicas.

Não manipular nem controlar os outros em hipótese nenhuma.

Jamais dizer a uma pessoa quando ou como pensa que ela morrerá.

Evitar julgar ou condenar o comportamento alheio.

Anotações no Diário: Alimento para o Pensamento

Uma boa razão para desenvolver as suas habilidades psíquicas é que elas podem mudar a sua vida para melhor. Por isso, você precisa refletir um pouco sobre o que é necessário mudar. As perguntas abaixo são realmente estímulos para levá-lo a pensar sobre os seus objetivos mais importantes.

- O que você sempre quis?
- O que lhe dá ou lhe dará maior prazer?
- Você passa boa parte do tempo pensando/desejando o quê?
- Que comportamento você mais admira nos outros, mas não constata em si mesmo?
- Há alguma coisa que você não teve na infância e que ainda deseja muito?
- Há diferença entre as coisas/pessoas que você valoriza e as coisas sobre as quais mais pensa – e o que você faz para mudar isso?
- Quais são as suas prioridades? O que você está fazendo com relação a elas?
- Que crenças o ajudariam a sentir mais prazer, confiança e alegria? E quais o ajudariam a lidar com a raiva, o medo e a dor?
- O que o está impedindo de fazer as mudanças necessárias para se tornar a pessoa que quer realmente ser?

DESCUBRA
O SEU POTENCIAL
PSÍQUICO

1

Você é Intuitivo?

A inteligência intuitiva é um instrumento valioso para a vida. Seu "sexto sentido" lhe dá acesso a informações que parecem surgir do nada, mas que em geral são misteriosamente precisas. Várias teorias tentam explicar como isso acontece. Poder-se-ia dizer que a sua mente reúne tudo o que ela sabe e surge com a resposta correta obtida em seu banco de dados pessoal de acesso imediato.

Um sensitivo pode considerar a intuição como a capacidade de ir além da experiência individual, ligando-se a fontes muito mais amplas, conectando-se à grande rede mundial, por assim dizer. Como a maioria das pessoas, você já tem certa capacidade intuitiva, mas existem formas positivas de desenvolvê-la ainda mais. Muitos exercícios deste livro – especialmente a meditação (página 22) – são especialmente elaborados para ajudá-lo a moldar o foco interior concentrado que lhe dará condições de reconhecer mensagens transmitidas pelo seu eu interior.

Os exercícios também podem aumentar a sua confiança em si mesmo e levá-lo não somente a confiar na sua intuição, mas também a agir de acordo com ela. Isso é especialmente proveitoso se você em geral duvida das suas percepções e explica seus vislumbres intuitivos com justificativas "racionais". O melhor modo de vencer essa barreira é dar um "salto" mental para o desconhecido. Isso significa suspender todas as pressuposições, propensões e preconceitos e aprender a estar aberto aos estímulos da sua sensibilidade psíquica. Isso abrirá todo um novo horizonte de visão e o tornará muito mais seguro em seu julgamento; você será capaz de ver através de detalhes superficiais e de tomar decisões rápidas e precisas em qualquer situação.

Ativadores da Intuição

Mesmo considerando-se uma pessoa muito analítica, ainda assim você pode aguçar a sua intuição.

Em vez de repelir impressões que possa ter sobre pessoas ou acontecimentos e que parecem desafiar a lógica, comece a prestar atenção a elas e registre-as no seu diário psíquico.

Se tiver uma sensação súbita de perigo ou ameaça, não a ignore – confie na sua intuição.

Aprenda a identificar a sua "voz" aguda que racionaliza tudo. Caso você se ouça dizendo "bobagem" quando não consegue explicar alguma coisa que o preocupa, é então que você deve ouvir a sua "voz" suave, persistente, intuitiva.

Se uma sensação vaga, um palpite ou uma previsão se mostrar correta, aproveite a satisfação de estar "certo" em seu julgamento, e registre no diário sempre que isso acontecer.

Brinque com a sua intuição: crie "jogos" saudáveis – por exemplo, imagine o que alguém está para dizer ou que roupa uma pessoa usará amanhã.

Você tem um sexto sentido?

Ao responder "sim" a uma pergunta, assinale a quadrícula correspondente. Some as respostas marcadas e anote o total.

❏ Você teve uma sensação súbita de que uma determinada construção era um lugar agradável ou ameaçador?

❏ Você "sabe" quando pode ou não confiar em alguém?

❏ Quando o telefone toca, você geralmente sabe quem está ligando?

❏ Você pode "ouvir" os pensamentos de alguém e verbalizá-los?

❏ Você já teve a sensação física de alguém atravessando o seu corpo?

❏ Ao procurar um lugar para estacionar, você já seguiu seu instinto de seguir por uma rua desconhecida, e "acertou"?

❏ Ao acordar, você sente que alguma coisa lhe foi revelada durante a noite?

❏ Ao falar com uma pessoa que nunca viu antes, você já teve uma sensação premente de que alguma coisa desagradável aconteceria a ela? E alguém lhe disse mais tarde que a pessoa se envolveu num acidente ou ficou doente?

❏ Quando fecha os olhos, você às vezes vê olhos ou rostos humanos?

❏ Os pêlos atrás do seu pescoço às vezes ficam arrepiados, pondo-o em alerta?

❏ Você já tomou uma decisão contrária aos conselhos de amigos e da família, simplesmente porque lhe parecia certo agir assim?

❏ Você é o tipo de pessoa que sente um número incomum de coincidências?

Quantas quadrículas você assinalou?

❏ **1-2**
Mesmo que tenha marcado apenas uma ou duas quadrículas, você tem algum acesso aos seus recursos intuitivos – e estes podem ser desenvolvidos.

❏ **3-5**
Sua intuição é bastante ativa, mas pode melhorar. Aprenda a confiar em si mesmo e deixe que o seu instinto o guie.

❏ **7-9**
Você já está bem sintonizado com as suas fontes internas de sabedoria – e com prática, pode usar a intuição com precisão ainda maior.

❏ **10 ou mais**
Suas habilidades intuitivas estão bem desenvolvidas e você confia no seu julgamento interior.

Que Tipo de Sensitivo Você é?

Você pode ser sensitivo de diferentes modos. Por exemplo, pessoas empáticas intuitivas têm uma grande compreensão do que acontece com os outros, mas podem ser pouco sensíveis à atmosfera. Os que têm capacidades xamânicas absorvem uma energia especial porque se comunicam com espíritos da natureza e são curandeiros dotados – mas podem não se sentir atraídos por recursos psíquicos, como cartas de tarô ou runas. Os médiuns têm a capacidade de entrar em contato com os espíritos, mas, diferentemente dos canalizadores, podem não ser capazes de se comunicar com forças espirituais superiores. Responda o questionário ao lado para descobrir o seu estilo psíquico.

Identifique as suas habilidades

Reflita bem sobre as perguntas a seguir. Assinale somente as que são respondidas afirmativamente.

❏ **1** Você geralmente tem consciência dos sentimentos dos outros?

❏ **2** Você sente às vezes que é parte do universo?

❏ **3** Você freqüentemente sabe o que outras pessoas vão dizer, antes que falem?

❏ **4** Andando fora de casa, você às vezes tem a sensação de que alguma coisa o está observando?

❏ **5** Ao ar livre, você já sentiu que alguma coisa não o queria ali?

❏ **6** Você já esteve num lugar agreste e sentiu que ele o protegia?

Avaliação

Veja o seu total de respostas "sim". Todas elas, ou a maioria pelo menos, combinam com um dos conjuntos de números a seguir? Em caso afirmativo, você terá uma boa idéia do tipo de sensitivo que você provavelmente é.

1 3 7 8 12
Você é uma pessoa EMPÁTICA

A capacidade de literalmente sentir por outra pessoa é uma sensação empática de sintonia fina. Ela lhe dá a habilidade psíquica de "ler" a aura de uma pessoa e de interpretar as informações recebidas (ver página 42). Ela pode aproximá-lo muito das pessoas; você pode sentir as verdadeiras necessidades emocionais delas com precisão infalível, e elas podem se sentir atraídas por você como ímãs. Mas evite absorver os problemas dos outros, pois é fácil você ficar exaurido.

❏ **7** Você fica nervoso quando está perto de alguém?

❏ **8** Você sente esse mesmo nervosismo em algum lugar?

❏ **9** Quando entra num lugar pela primeira vez, você consegue sentir o "clima"?

❏ **10** Você realmente sabe que o mundo poderia ser um lugar de paz e amor, e não de fome e guerras?

❏ **11** Você já entrou num lugar e sentiu calafrios ou a sensação de uma presença?

❏ **12** Você às vezes "ouve" os pensamentos das pessoas?

❏ **13** Há pessoas cuja presença física você evita?

❏ **14** Você já teve algum contato com um espírito de qualquer tipo?

❏ **15** Você já acordou sentindo um peso, mas não vendo nada físico que justificasse essa sensação?

❏ **16** Você tem uma sensação de assombro e amor pelo simples fato de estar vivo?

❏ **17** Você tem sonhos vívidos que você sente que podem ter acontecido realmente?

❏ **18** Você penetra nos olhos de uma pessoa que o está magoando e vê o sofrimento que a está atormentando?

❏ **19** À noite, você fecha os olhos e vê olhos, rostos ou criaturas de aparência humana?

❏ **20** Você já sentiu que o seu corpo esteve viajando sem que você se movesse?

2 10 16 18
Você é um CANALIZADOR

O acesso às informações e/ou energias de um nível superior de consciência é freqüentemente chamado de canalização (ver página 168). Não há uma sensação de contato com uma entidade individual, mas sim uma conexão com forças espirituais superiores. Qualquer que seja a sua idade, você é visto pelos outros como uma "alma velha" e será procurado pela visão espiritual que acumulou ao longo de muitas existências.

11 14 15 17 19 20
Você é um MÉDIUM

Se tem a sensação de uma presença invisível ou vê uma entidade, é possível que você seja um médium (ver página 142). Você também pode sentir a presença de espíritos angelicais ou terrenos, que agem como seus guardiães. Você pode penetrar em outras dimensões, como nos mundos astrais ou no mundo do "espírito". Essa visão é um dom muito raro.

4 5 6 9 13
Você é um XAMÃ

Como você está intensamente consciente da natureza e do espírito em animais, plantas e árvores, seu estilo de psiquismo é xamanístico (ver página 140). Seu vínculo instintivo com animais silvestres lhe dá uma sensação muito aguçada de perigo; esse é um bem de grande valor – sua intuição salva vidas, literalmente. Você consegue sentir perigo iminente em todas as situações, seja na calçada, no fluxo do tráfego ou no local de trabalho. Você também pode ter uma habilidade natural de cura – um senso inato do que prejudicará ou ajudará alguém que esteja doente.

Desperte os Seus Sentidos

A sensibilidade psíquica não se baseia em fórmulas obscuras conhecidas apenas por algumas pessoas privilegiadas; pelo contrário, em seus cinco sentidos, você já tem todos os ingredientes de que precisa. A cada instante do dia, você absorve uma combinação sempre diferente de aromas, sabores, sons, vistas e texturas. O processo é tão automático, que é fácil considerá-lo natural, mas sem os sentidos você estaria literalmente "morto" para o mundo. Esse é exatamente o pólo oposto da experiência de vida de um sensitivo, para quem tudo é vida, sensibilidade e significado.

Pessoas excepcionalmente sensíveis podem perceber atmosferas, sentir presenças invisíveis, ter visões, ouvir mensagens e experimentar a realidade em muitos níveis diferentes. Com um pouco de prática, você também será capaz de fazer tudo isso.

Um Dia de Visão

Idealmente, escolha um dia de lua cheia à noite (ver exercício na página oposta). Ao acordar, diga a si mesmo em voz alta: "Hoje vou olhar atentamente tudo o que estiver perto de mim."
Isso desperta a sua percepção visual e prepara a sua

Anotações no Diário: Cinco dias sensacionais

- Perscrutar os seus sentidos até os limites possíveis é uma tarefa que exige tempo, espaço e imaginação. Requer também capacidade de atenção: uma maneira simples de alcançar isso é dedicar um dia inteiro à descoberta de um único sentido. Então, no fim desse dia, escreva as experiências no seu diário psíquico.

- Registre as suas reações a todo incidente, exercício ou experimento que lhe tenha dado informações positivas e causado uma impressão significativa na sua consciência sensorial.

- Preste atenção à qualidade precisa das reações; observe se você se sentiu estimulado, tranqüilizado, instigado, divertido, inspirado; ou amedrontado, contrafeito, curioso ou rejeitado.

- Os acontecimentos de cada dia podem também desencadear uma cadeia especial de associações na sua mente: por exemplo, um aroma fugaz, uma cor desbotada, uma lasquinha de madeira – qualquer dessas coisas pode liberar uma torrente de lembranças.

- Você pode se lembrar de pessoas e de lugares que esqueceu há muito tempo. Novamente, registre tudo; todos esses elos o conduzirão a uma consciência psíquica maior.

CONTEMPLAÇÃO DA VELA
Como aguçar a sua visão psíquica

1 Escolha um lugar silencioso, suavemente iluminado, e acenda uma vela. Coloque-a sobre uma mesa e sente-se, voltado para a vela. Relaxe.

2 Olhe para a chama da vela, mantendo-se relaxado e calmo.

3 Agora concentre o olhar no ponto em que a cor azul da chama se mistura com a dourada – esse é o ponto onde o seu potencial para a visão psíquica pode ser desenvolvido. Continue focando esse ponto até sentir que absorveu o suficiente.

intuição para a ação. Ao longo do dia, veja todas as coisas com o olhar inocente de uma criança – procure ver as coisas exatamente como são. Olhe para os objetos, construções, cores, rostos das pessoas, animais e plantas com novos olhos. Não perca tempo "avaliando" – simplesmente olhe. Desse modo, você captará mais mensagens visuais, pois não estará criticando nem rejeitando nada. Em algum momento do dia, faça um dos exercícios de "contemplação" descritos abaixo.

Um Dia para Seguir o Seu Nariz

Ao acordar, diga em voz alta: "Hoje vou sentir todos os cheiros possíveis." Essa mensagem o introduzirá literalmente no cheiro; siga o seu nariz durante o dia e sinta cada odor – a começar com o aroma da torrada e do café matinal. Esteja alerta a tudo – exalações do trânsito; emanações de bares e restaurantes; eflúvios de perfume de alguém que cruza por você. Fareje o seu jornal e inale o cheiro de uma carteira de couro. Isso prepara as suas antenas psíquicas para a ação, pois o primeiro indício de uma presença invisível pode ser um certo odor.

CONTEMPLAÇÃO DA LUA

Veja a lua cheia com novos olhos.

1 *Encontre um lugar silencioso para relaxar e contemplar a lua cheia; deixe que o seu olhar fique totalmente absorvido pela luz da lua.*

2 *Em seguida, feche os olhos e observe a imagem intensamente azul impressa na sua retina. Puxe esse azul para perto de si e use-o para visualizar a si mesmo.*

3 *Se não há lua cheia, você pode olhar rapidamente a luz de uma lâmpada de 100 watts; mas não olhe para o sol, pois a sua visão pode ficar prejudicada.*

Um cheiro vago, antiquado, pode ser uma ligação com uma avó falecida, e uma baforada acre de tabaco pode despertar a lembrança de um homem que estava sempre com o cachimbo na mão quando ainda vivia.

Um Dia para Ouvir Atentamente

A mensagem que ocupa a sua mente logo ao acordar é: "Hoje manterei meus ouvidos abertos e ouvirei os sons que o mundo realmente produz." Talvez você pense que isso é fácil, mas é provável que não tenha consciência da quantidade de sons que você bloqueia automaticamente. Essa forma de "seleção natural" é um mecanismo de sobrevivência, que o ajuda a dirigir a atenção para os sinais importantes que o cercam. Um dos primeiros sinais de estresse é a incapacidade de lidar com um constante bombardeio de sons ásperos e dissonantes, e evitar esses sons ajuda-o a manter-se calmo e equilibrado. Você pode usar uma abordagem conscientemente seletiva e concentrar-se em diferentes sons, como se eles fossem notas individuais numa peça musical. Transforme o dia num programa musical só para você com melodias formadas por diversas notas: buzinas de automóveis, toques de telefones, freadas de veículos, silvos de máquinas de café, batidas de xícaras e pratos, rangidos de elevadores, estrondos de portas, gritos, latidos e gargalhadas.

QUE CHEIRO É ESSE?

Este exercício pode ser muito revelador.

1 *Peça a um amigo que prepare uma bandeja de "amostras": ela pode conter coisas como um limão, lustra-móveis, amido, artigos de papelaria, condimentos, naftalina, uma palmilha malcheirosa e um pedaço de queijo velho.*

2 *Fique de olhos fechados ou vendados, e cheire cada um dos itens. Demore-se sentindo cada odor – é importante identificar tanto os sentimentos que surgem em você quanto à origem do cheiro.*

OUÇA OS PÁSSAROS

Veja como acompanhar cada parte de uma sinfonia de pássaros.

1 *Encontre um lugar ao ar livre onde haja muitos pássaros – pode ser um parque público ou o seu jardim.*

2 *Sente-se em silêncio, relaxe e ouça a variedade dos gorjeios ao seu redor. Em algum momento você percebe um som com mais nitidez do que os outros. Concentre-se nesse som e demore-se ouvindo-o.*

3 *Depois, deixe que o som desse pássaro o leve para o de outro, e ouça este por uns momentos. De novo, você se sente naturalmente atraído a um terceiro pássaro. Ouça intuitivamente cada som, sentindo a essência em cada um.*

Um Dia para o Tato

De manhã, olhe-se no espelho e diga: "Hoje vou viver cada momento orientado pelas mãos." Deixe que os dedos vibrem em antecipação e comece já em casa: passe as mãos pelo rosto e pelos cabelos, sinta a toalha de banho, toque a porcelana fria da banheira, sinta a sensação lisa de um brinquedo de plástico e as cerdas da escova de dentes com a ponta dos dedos. Ao longo do dia, procure tocar o maior número de texturas possível – macias, peludas, sedosas, ásperas, quentes, frias – e tome consciência de todas as diferentes sensações que você experimenta, positivas e negativas.

Saboreando o Dia

Caso tenha prazer em comer e beber, você provavelmente gostará de passar um dia inteiro numa sessão prolongada de degustação. Mesmo assim, predisponha suas papilas gustativas logo ao se levantar, dizendo: "Hoje vou prestar muita atenção a tudo o que puser na boca." Isso começa no momento mesmo em que o gosto da pasta de dente invade a sua boca e pode continuar com um bochecho. O que esse sabor lembra? Menta refrescante? Cravo picante? Canela? Sinta o sabor de tudo o que põe na boca. E demore-se com coisas desconhecidas – por exemplo, se quer realmente atiçar as papilas gustativas, toque a ponta da língua com uma moeda.

UM PASSEIO DIRIGIDO

Esse passeio começa com um simples toque.

1 *Peça a alguém que o conhece bem que escolha para você um objeto com uma textura bem definida.*

2 *Feche os olhos e peça ao amigo que coloque o objeto em suas mãos. Enquanto apalpa o objeto, fale sobre os lugares que ele lhe lembra: talvez um jardim da sua infância, uma praia ou algum outro lugar em que você nunca esteve.*

3 *Visualize-se nesse lugar. Explore as redondezas minuciosamente e preste atenção a tudo o que vê. Se há pessoas ou animais, como você se sente com relação a eles? Depois de absorver completamente a sensação do lugar, abra os olhos.*

DISTINGUINDO O GOSTO

Aplique este método sutil para harmonizar os seus sentidos e saborear o ar ao seu redor.

1 *Sente-se num lugar calmo e arejado e use o método de respiração descrito na página 23 para relaxar completamente.*

2 *Respire lenta e regularmente; depois abra ligeiramente a boca. Deixe entrar o ar que o cerca.*

3 *Concentre-se no sabor do ar e abra-se totalmente ao que quer que você sinta. Você se surpreenderá com a quantidade de informações que pode receber desse modo.*

Abra-se pela Meditação

Para qualquer forma de trabalho psíquico que você queira realizar, a habilidade mais importante a aperfeiçoar é a de entrar em contato com o seu silêncio interior. Sejam quais forem as suas aspirações – fortalecer os seus poderes de cura, de telepatia ou de clarividência, ou aprender a ver auras ou relacionar-se com o mundo do espírito – primeiro você precisa saber meditar.

Se nunca meditou antes, você pode acreditar que meditar é uma forma agradável de fugir do mundo e dos problemas do mundo. Embora leve à quietude interior, à calma ou ao "lugar silencioso interior",

sem dúvida a meditação não consiste apenas em dissolver-se num estado de bem-aventurança. Antes, ela é um recurso extraordinário para ajudá-lo a voltar a atenção para o seu ser físico. Com a mesma importância, ela também o põe diretamente em contato com a energia universal ou "prana" – a força vital que permeia todas as coisas. É exatamente esse nível de consciência que você precisa para realizar as suas aspirações psíquicas. Mas a meditação também melhora a sua vida de outras formas. Ela aguça e concentra a sua atividade mental e o mantém alerta no trabalho, em casa e nos seus relacionamentos,

Como meditar

Encontre um lugar limpo, silencioso, arejado, confortável e em boa ordem e dedique esse espaço à meditação – trabalhar nessa mesma área acumula uma energia positiva.

Desligue o telefone antes de começar e tranque a porta se acha que alguém pode perturbá-lo.

Use roupas limpas, folgadas e confortáveis.

Tome um banho, uma ducha, ou pelo menos lave as mãos.

Talvez você queira usar alguma coisa como foco; pode ser um objeto, como uma vela, uma flor ou um quadro, ou um som, que pode ser um mantra ou música ambiente.

Sente-se numa cadeira ou no chão com as costas apoiadas. Coloque os braços sobre as pernas e as mãos em posição de abertura – isso o põe na postura correta.

Volte toda a atenção para o seu foco; comece com cinco minutos, e aos poucos vá aumentando o tempo até vinte minutos, se possível.

Não force a mente a concentrar-se. Mantenha-a concentrada, mas sem esforço. Quando pensamentos interferirem, não os expulse, mas deixe-os passar. Se a mente se dispersar, leve-a de volta ao seu foco, tantas vezes quantas for necessário.

É recomendável meditar sempre no mesmo horário – para muitas pessoas, essa é a primeira atividade do dia, pois o proveito é maior de estômago vazio. Feita à noite, a meditação pode induzi-lo ao sono. Por isso, defina um horário que lhe seja favorável para meditar regularmente.

além de aperfeiçoar a criatividade e de promover o autoconhecimento.

A maioria dos exercícios de desenvolvimento psíquico deste livro começa pedindo que você se coloque num estado de relaxamento completo, e a técnica de meditação abaixo é um dos modos mais eficazes para se fazer isso. Depois de se habituar a ela, você terá a chave para abrir-se a um mundo de experiências completamente novo. Desse modo, a meditação mudará radicalmente a sua vida.

INSPIRANDO LUZ

Este exercício é o segredo para um relaxamento completo; ele pode durar o tempo que você quiser.

1 *Trabalhe num lugar silencioso onde se sinta relaxado. Talvez você queira pôr uma música calmante que o ajude a serenar. Quando estiver totalmente aquietado, desligue a música e concentre-se.*

2 *Dirija a atenção para a respiração e ouça atentamente.*

3 *Entre em sintonia com o fluxo e refluxo da sua respiração, e concentre-se suavemente nesse ritmo silencioso, de modo que todo o seu ser seja um com a sua respiração. Não se apresse para fazer isso – você está entrando num estado de meditação profunda.*

4 *Deixe que a respiração o leve para a calma interior, o "lugar silencioso interior", e respire conscientemente essa quietude desde o âmago do seu ser.*

5 *Visualize a sua respiração como marolas num lago, deslocando-se para fora em círculos cada vez maiores, ou como ondas de luz irradiando do seu corpo.*

6 *Retenha deliberadamente a energia e mantenha o foco – não se deixe levar pela tentação de dispersar-se. Depois de algum tempo, enquanto respira, concentre-se no pensamento de que todo ser vivo respira. Diga a si mesmo, "Todos respiramos na luz". Agora abra-se completamente para as forças universais da luz. Fique com essa sensação pelo tempo que quiser.*

7 *Quando estiver pronto, leve a atenção suavemente de volta para o corpo físico (prestando muita atenção para manter os pés no chão).*

8 *Finalmente, cruze os braços e as pernas, como um ato de encerramento.*

A Sua Busca Interior

Para encontrar o seu eu verdadeiro, você precisa perguntar: "Quem sou eu?" Leve a mente a defrontar-se com essa pergunta. Inicialmente você pensará em si mesmo em termos do seu papel na vida. Continue perguntando: "Esse sou eu realmente?" Se perseverar, você finalmente chegará à essência do seu verdadeiro eu, que é imutável.

Se uma pergunta importuna a sua mente, a clareza gerada pela meditação virá em seu socorro. Não espere uma resposta imediata – ela geralmente chega quando você menos espera. Entrementes, a energia da meditação terá avaliado a questão mediante outras percepções.

Se você tiver um cérebro especialmente ativo, um "koan" ou proposição paradoxal pode ser muito útil. O koan desestabiliza a mente, torna-a vazia, pela sua falta de lógica. Um exemplo zen muito comum é, "Qual é o som de uma só mão batendo palmas?"

Caminhos da Meditação

Talvez você precise pesquisar várias formas antes de descobrir a modalidade de meditação que lhe seja mais proveitosa. Cada um dos caminhos descritos na página oposta oferece uma ressonância ligeiramente diferente. Nenhum é "melhor" que os outros – todos são alternativas, apenas isso. Seja qual for a via que seguir, você perceberá intuitivamente quando chegar àquele centro único, silencioso, dentro de si mesmo. É essa a razão toda da jornada.

PROCURE A VOZ SILENCIOSA
Luz, respiração, música e mantras são pontos de foco diferentes à sua disposição durante a meditação. Escolha aquele que o conduz à voz silenciosa interior.

Respiração

A respiração é o foco mais simples, e a observação dos seus ritmos naturais ajuda a acalmar a mente. Deixe cada inspiração e expiração entrar e sair do corpo em ritmo normal e observe como o ar flui e ecoa através do seu ser. Se quiser, conte as inalações e exalações. Inale contando de 1 a 4, faça uma pausa de alguns segundos, e em seguida exale contando de 1 a 4.

Música

Talvez você descubra que fitas com músicas especiais para meditação ou certas peças clássicas podem ajudar a liberar a mente de pensamentos intrusivos. Se nunca meditou antes, a música pode muito bem ser o foco que você precisa para entusiasmar-se.

Mantra

A repetição de um único som, palavra ou frase produz uma energia intensa que bloqueará a interferência de outros pensamentos. Você pode se concentrar numa palavra sagrada ou outra que tenha significado pessoal para você. Repita-a em voz alta ou em silêncio, como quiser. Pode ser proveitoso sincronizar o mantra com a respiração, pronunciando-o em cada inspiração ou em cada expiração. Se a atenção se dispersar, traga-a de volta para o som.

Luz

Uma vela acesa posta à sua frente pode servir como ponto de foco, se você preferir meditar com os olhos abertos. Primeiro, feche os olhos, depois respire profundamente pelo nariz. Abra lentamente os olhos e fique olhando para a chama.

Para dar-lhe todas as condições necessárias para uma ação psíquica eficaz, a meditação deve tornar-se uma atividade absolutamente normal na sua vida – tão rotineira quanto escovar os dentes. Entretanto, forçar-se a fazê-la pode ser contraproducente – dois minutos de união total com o silêncio interior é muito melhor do que sentar-se durante vinte minutos sem chegar à voz silenciosa interior. O que importa é a qualidade, não a quantidade.

Os místicos acreditam que a meditação é o caminho para a auto-iluminação. As tradições orientais se referem à necessidade de acalmar a "mente macaco" – o nível ativo, agitado, do pensamento. A meditação profunda lhe dá forças para fazer isso; ela lhe dá condições de concentrar os pensamentos, em vez de ficar perseguindo cada idéia que surge. Pensar com esse nível de clareza é o ingrediente essencial do domínio sobre si mesmo – é a verdadeira liberdade.

MT

Na década de 1960, Maharishi Mahesh Yogi popularizou a Meditação Transcendental (MT), que adota um som ou mantra para facilitar a concentração durante a meditação. Esse pode ser uma única palavra, como "amor", "paz", "beleza" ou o antigo som "om" (considerado o som original que deu origem ao universo); o fator mais importante é que ele ressoa tanto mental como emocionalmente. A Meditação Transcendental tem atraído muitos seguidores desde então, e ainda é uma técnica muito adotada.

APOIOS À MEDITAÇÃO

O estímulo visual de um objeto simples, como uma folha, uma concha, uma vela, uma flor ou uma pedra pode ajudar a concentrar a mente durante a meditação. O mesmo efeito pode ser obtido com uma fragrância agradável, como um incenso, ou com uma mandala, representada na página oposta. Use sempre o que der bom resultado para você – estas são apenas algumas sugestões.

Entre em Sintonia com os Chakras

Um sensitivo percebe centros de energia rodopiante, às vezes vistos como cores reluzentes, em sete pontos ao longo da coluna vertebral. São os chakras, locais essenciais na trajetória da energia que flui da cabeça aos pés. Essa energia "prânica" procede dos planos superiores de consciência e age de modos diferentes em cada chakra. Quando os chakras funcionam bem, a energia etérica flui livremente, levando equilíbrio à mente, ao corpo e ao espírito e propiciando-lhe harmonia completa.

Os chakras são uma parte importante do quadro que um sensitivo vê quando ele examina a sua aura; eles agem como pontos focais para um "escaneamento" psíquico. Um sensitivo hábil pode avaliar todo o seu estado físico, emocional e mental "lendo" os seus chakras e a sua aura. Como descrito na página oposta, cada chakra irradia a energia da cor que lhe corresponde. Começando do topo da cabeça, essas cores são: violeta, índigo, azul, verde, amarelo, laranja e vermelho. Elas indicam como você interage com o mundo e sente a si mesmo (ver página 44).

OS CHAKRAS
Localizados em sete centros no corpo, os chakras (direita) estão associados ao lótus, considerado na Índia uma flor sagrada. As pétalas desabrochando correspondem à abertura de um chakra. Cada chakra é representado com um determinado número de pétalas, a começar com as quatro do centro da base e subindo até o chakra da coroa, chamado de lótus de mil pétalas. As funções dos chakras estão descritas na página oposta.

Centro da Coroa Sahasrara
Energia básica: "Eu sei."

Situado no topo da cabeça, este chakra representa o pensamento puro. Ele o une à consciência infinita, a energia mais elevada do universo. Expandindo a coroa, você se liga às fontes mais profundas da sabedoria espiritual.

Centro da Testa Ajna
Energia básica: "Eu vejo."

Este chakra está no meio da testa e é a janela do "terceiro olho". A abertura desse centro lhe dá uma visão superior à normal. Ela aguça a sua clarividência, dando-lhe condições de ver o passado, o presente e o futuro.

Centro da Garganta
Visuddha
Energia básica: "Eu falo."

Posicionado na garganta, este centro de comunicação relaciona-se com a audição e a fala. Ativando-o, ele o inspira a falar e a ouvir no espírito da verdade. Ele também promove a comunicação espiritual e aprimora a habilidade da audição psíquica, ou clariaudiência.

Centro do Coração
Anahata
Energia básica: "Eu amo."

Localizado no centro do corpo, este chakra serve de ponte entre os mundos físico e espiritual. Ativado, ele aumenta a sua capacidade para o amor, a compaixão e a empatia com os outros.

Centro do Plexo Solar Manipura
Energia básica: "Eu posso."

Baseado na região do estômago, este chakra representa vitalidade e vontade. Aberto, ele o põe em contato com o seu poder pessoal e transforma as suas esperanças e aspirações em possibilidades reais.

Centro do Sacro Svudhistana
Energia básica: "Eu sinto/quero."

Semelhante à potência de um foguete, a energia deste centro é gerada no baixo-ventre, entre o umbigo e os genitais. Quando aberto, ele libera a sua criatividade e fertilidade inatas. Ele o impele à ação e alimenta as suas emoções e sexualidade.

Centro da Base Muladhara
Energia básica: "Eu tenho."

Este chakra localiza-se na base da coluna. Ele está sempre aberto, ligando-o à terra e à pura sobrevivência física. Energizando-o, ele o firma num desejo saudável das necessidades básicas da vida – alimento, calor e abrigo.

O seu senso geral de bem-estar depende do livre fluxo da energia etérica pelos chakras (ver páginas anteriores). Se um desses centros está bloqueado, você pode não se sentir inteiramente à vontade consigo mesmo. É por isso que é importante manter essa energia fluindo livremente. O exercício de respiração (página 31) é uma excelente rotina de equilíbrio que você pode praticar regularmente. Faça a visualização (abaixo) para detectar possíveis problemas nos chakras.

Se você sente que um centro específico precisa ser liberado, existem modos simples de fazer isso. Por exemplo, para fortalecer o centro da base, faça dança energética, pule, bata os pés, caminhe a passos rápidos, chute. Tudo o que mantém os seus quadris em movimento é bom para o centro do sacro, inclusive movimentos giratórios da bacia. Movimentar a barriga relaxa o plexo solar – divirta-se com um bambolê ou com uma sessão de dança do ventre. Para estimular o centro do coração, você precisa expandir o peito – a natação é eficaz, como também esticar os braços. Solte o centro da garganta com movimentos suaves do pescoço e abra o centro da testa girando os olhos em todas as direções e procurando enxergar o mais longe possível. Finalmente, para energizar o centro da coroa, fique na posição conhecida como "plantar bananeira" durante alguns minutos. Mantendo todos os chakras abertos, você terá um senso mais profundo do eu.

Uma jornada experimental

Não existem respostas certas ou erradas neste exercício. Mas ele ajudará a liberar a sua mente e a identificar símbolos que você possa precisar no trabalho psíquico. Ele também dá acesso ao seu inconsciente e a possíveis desequilíbrios subjacentes.

Volte a atenção para cada chakra e fixe-se naquele que a sua intuição indicar. Em seguida, visualize uma porta à sua frente que seja da cor característica desse chakra. Veja-se abrindo essa porta e entrando na sala a que ela dá passagem. Agora examine estas perguntas:

- ❏ Qual é a aparência da sala?
- ❏ O que há nas paredes?
- ❏ Que móveis há na sala?
- ❏ Há um armário ou gavetas? Em caso afirmativo, o que há neles?
- ❏ Há algum quadro na parede? Em caso afirmativo, descreva-o.
- ❏ Qual é a sensação geral que a sala transmite?
- ❏ Há mais alguém na sala? Em caso afirmativo, o que essa pessoa está lhe comunicando?
- ❏ Você reluta em sair da sala?

Avaliação

A sensação que essa sala lhe passa tem relação com a energia do chakra que você escolheu. Assim, se entrar na sala amarela do plexo solar, você está se ligando ao seu senso de poder ou à sua impotência. Se vê cores fortes, vibrantes e claras, ótimo; mas se as cores são escuras ou turvas, você tem problemas a resolver. A mobília representa obstáculos e tudo o que você encontra nas gavetas e armários simboliza o que precisa ser jogado fora. Além disso, qualquer quadro na parede é uma imagem de você mesmo. Psiquicamente, a condição mais saudável da sala é estar totalmente vazia. Se a sua sala está desordenada e atravancada, você tem muitas questões inacabadas relacionadas com a área pessoal que está examinando.

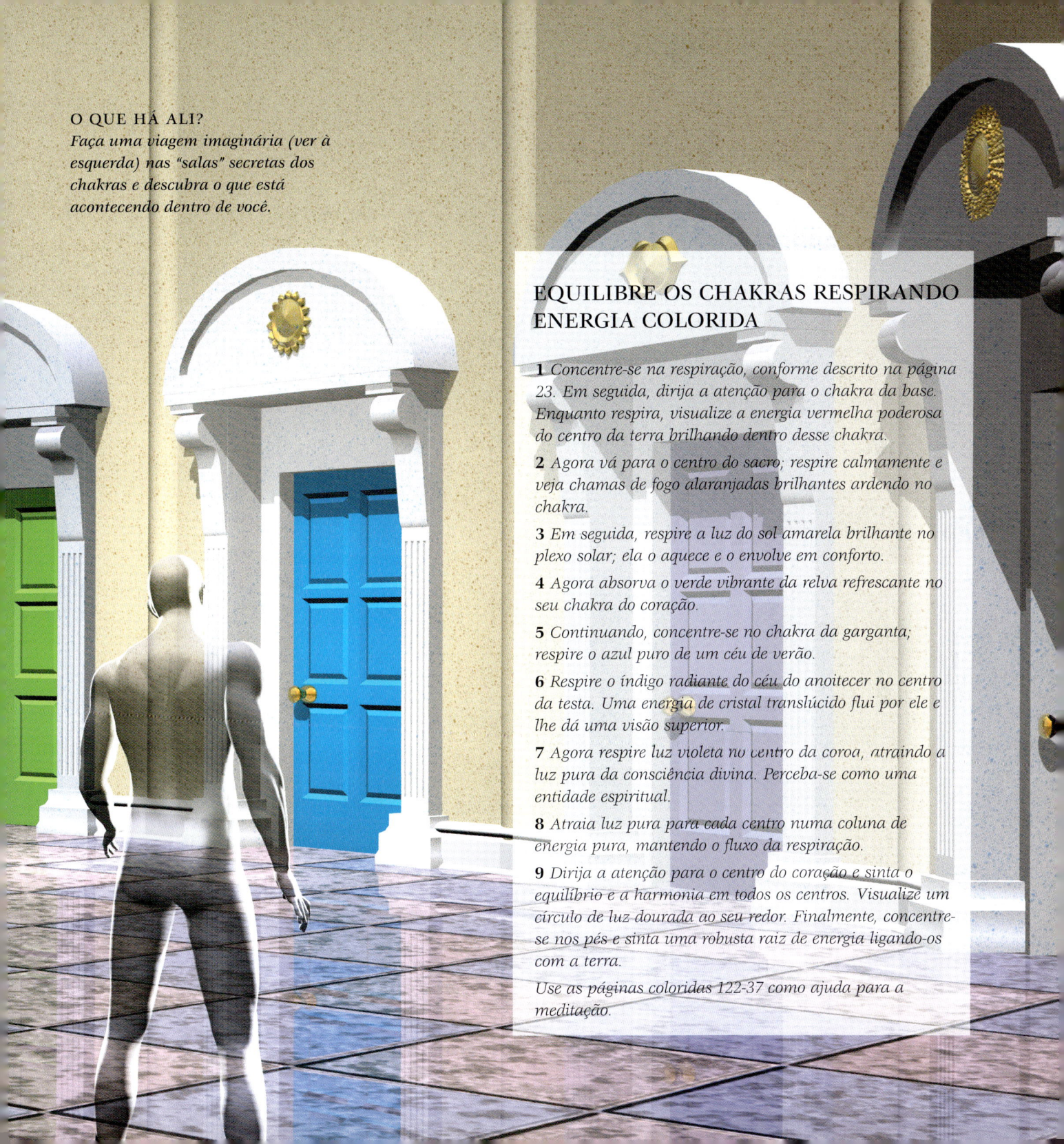

O QUE HÁ ALI?
Faça uma viagem imaginária (ver à esquerda) nas "salas" secretas dos chakras e descubra o que está acontecendo dentro de você.

EQUILIBRE OS CHAKRAS RESPIRANDO ENERGIA COLORIDA

1 *Concentre-se na respiração, conforme descrito na página 23. Em seguida, dirija a atenção para o chakra da base. Enquanto respira, visualize a energia vermelha poderosa do centro da terra brilhando dentro desse chakra.*

2 *Agora vá para o centro do sacro; respire calmamente e veja chamas de fogo alaranjadas brilhantes ardendo no chakra.*

3 *Em seguida, respire a luz do sol amarela brilhante no plexo solar; ela o aquece e o envolve em conforto.*

4 *Agora absorva o verde vibrante da relva refrescante no seu chakra do coração.*

5 *Continuando, concentre-se no chakra da garganta; respire o azul puro de um céu de verão.*

6 *Respire o índigo radiante do céu do anoitecer no centro da testa. Uma energia de cristal translúcido flui por ele e lhe dá uma visão superior.*

7 *Agora respire luz violeta no centro da coroa, atraindo a luz pura da consciência divina. Perceba-se como uma entidade espiritual.*

8 *Atraia luz pura para cada centro numa coluna de energia pura, mantendo o fluxo da respiração.*

9 *Dirija a atenção para o centro do coração e sinta o equilíbrio e a harmonia em todos os centros. Visualize um círculo de luz dourada ao seu redor. Finalmente, concentre-se nos pés e sinta uma robusta raiz de energia ligando-os com a terra.*

Use as páginas coloridas 122-37 como ajuda para a meditação.

Identifique a Sua Vontade

Um sensitivo experiente sabe que é possível pôr a própria vontade em ação concentrando energeticamente os pensamentos (pensamentos e emoções são formas de energia, e a energia segue o pensamento). O pensamento dirigido é um instrumento poderoso no trabalho espiritual e curativo, mas lembre-se sempre de usá-lo com responsabilidade. Ao emitir energia de pensamento, você precisa saber exatamente o que quer fazer e ter uma consciência precisa disso.

Examine todos os aspectos antes de prosseguir. E nunca ative um pensamento ou uma ação contra a vontade de alguém, por mais amorosas que sejam as suas intenções. Você pode achar que não há mal nenhum em impor a sua vontade sobre outros, mas examine as questões na página oposta e pense sobre os tipos de vontade descritos abaixo. Você compreenderá que formas sutis como vontade cármica e divina são tão importantes quanto estilos mais diretos.

Quatro tipos de vontade

Você consegue identificar o seu estilo pessoal de vontade? Você segue com o fluxo ou não deixa nada ao acaso? Cada tipo tem um papel valioso a representar.

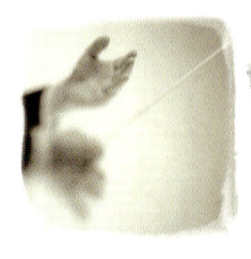   

Vontade forte
Você a usa diretamente, pressionando a si ou os outros a cumprir suas ordens. Se isso resulta em realizações positivas, ela é uma força positiva. Mas valer-se das necessidades dos outros, ou ignorá-las, é danoso.

Vontade habilidosa
Com essa forma ardilosa você obtém o que quer por meios indiretos. Você pode manipular os outros por um encanto evidente ou por subterfúgios ocultos. Como uma raposa, você alcança as suas metas furtivamente.

Vontade cármica
Esta é a vontade sutil da causa e efeito – "o que se planta, se colhe". As suas ações passadas podem reagir no presente com força inexorável, fazendo-o colher o que você mesmo semeou.

Vontade divina
Esta é todo-poderosa e vai além da sua vontade pessoal, ao nível universal, conectando-o com o seu eu superior ou espiritual. Ela unifica as vontades celestial e pessoal.

Onde há vontade...
Toda ação psíquica precisa de pensamento cauteloso; isso significa adotar a atitude mental correta para cada situação. Se é uma pessoa enérgica, você pode ser tentado a resolver um problema usando a sua vontade Forte. Mas isso pode ser um erro – a vontade Cármica pode estar em ação, por exemplo. Ou pode ser melhor usar a vontade Habilidosa. Tenha mente aberta e deixe que a sua intuição decida a resposta que é necessária. Então adapte a sua vontade para agir da maneira condizente.

Que tipo de vontade você tem?

Leia as perguntas abaixo e assinale *somente* as que recebem uma resposta afirmativa.

❏ **1** Você às vezes se pergunta por que as pessoas são negativas com relação a você?

❏ **2** Você consegue satisfazer as suas ambições?

❏ **3** Quando quer alguma coisa, você dedica tempo para planejar como obtê-la?

❏ **4** Você leva outras pessoas em consideração quando toma alguma decisão?

❏ **5** Quando resolve alguma coisa, você tem em mente o bem maior, independentemente do que você mesmo sente?

❏ **6** Se quer alguma coisa, você persiste até consegui-la?

❏ **7** Você é capaz de aceitar situações difíceis como parte de um plano mais amplo?

❏ **8** Você é capaz de seguir com o fluxo dos acontecimentos e de ver uma oportunidade de aprendizado em tudo o que acontece?

❏ **9** Você consegue induzir outras pessoas a fazerem o que você quer sem que elas percebam?

❏ **10** Refletindo cuidadosamente sobre as suas ações, você as considera intuitivamente corretas?

❏ **11** Você procura convencer as pessoas a fazerem alguma coisa com relação à qual se sentem inseguras?

❏ **12** Você consegue manter a sua mente centrada numa questão sem se deixar distrair?

Avaliação

Veja o total de respostas afirmativas. Todas elas, ou a maioria, fazem parte de um dos conjuntos de números abaixo? Em caso afirmativo, isso lhe dará uma boa idéia do tipo de vontade que você tem.

Se teve uma distribuição igual de respostas afirmativas, você é bem equilibrado e exerce sua vontade com flexibilidade e de modo positivo.

2 6 11
Você freqüentemente exerce uma vontade FORTE

Atente para que isso não se dê à custa dos outros: lembre que o que você dá sempre volta. A imposição da sua vontade sobre outros é uma forma de ataque psíquico.

3 9 12
Você tem uma vontade HABILIDOSA

Você usa suas habilidades para alcançar o que quer. Cuide que não sejam usadas para manipular outros contra a vontade deles, pois nada de bom advirá disso.

1 4 10
Você tem consciência de vontade CÁRMICA

Você é uma pessoa muito ponderada e respeita as leis naturais de causa e efeito. Por isso, é muito provável que receba pensamentos e ações positivos de outras pessoas.

5 7 8
Você confia na vontade DIVINA

Você é perspicaz e altruísta, e certamente encontrará felicidade e contentamento, pois é capaz de perceber um panorama amplo da vida e um sentido maior em todas as coisas.

Alimente Pensamentos Positivos

O pensamento dirigido é a tônica da atividade psíquica – e cada pensamento tem uma energia imensamente poderosa. Sabendo disso, você pode implementar a força mental concentrada para livrar-se de quaisquer padrões de pensamento negativo. Assim fazendo, você aumentará a sua autoconfiança, aprofundará os seus poderes psíquicos e desfrutará uma vida muito mais produtiva.

Inicialmente, ouça a si mesmo; apenas isso. Você freqüentemente começa uma frase com uma expressão como "Receio que" ou "Sinto muito"? Você já se ouviu dizendo "Sabendo como tenho sorte,...!"? Se analisar as mensagens de pensamento emitidas com essas palavras, você saberá exatamente por que *nunca* tem sorte. Mudar velhos padrões pode ser um trabalho árduo. Mas não desista; você será recompensado.

Se você "fala mal" de alguém, essa energia específica voltará para você. Todos têm alguma coisa única a oferecer, por isso use a sua percepção psíquica para identificar as boas qualidades de cada pessoa.

Não se envolva em conversas negativas. Se, por exemplo, um amigo geralmente se envolve em relacionamentos desastrosos, seja simpático. Em seguida, pergunte-lhe o que ele pode aprender desse padrão para evitar que a mesma coisa se repita no futuro.

Embora tenha muitos benefícios, o pensamento positivo não é uma panacéia para todos os males. Ele nunca pode ser um modo de esconder ou negar o sofrimento. Se você tem um problema, encare-o, e use afirmações eficazes para alterar todo padrão de comportamento fixo e prejudicial.

Regras de Ouro

Ponha-se num estado de relaxamento e meditação (ver página 23) e peça uma afirmação inspiradora que você possa repetir todos os dias para promover o seu bem-estar. Use as seguintes orientações para sinalizar o caminho:

Que seja uma afirmação simples.

Seja criativo.

Transforme a afirmação num verso rimado ou num bordão fácil de decorar – não mais do que quatro linhas.

Diga a sua afirmação em voz alta três vezes por dia pelo menos, durante 28 dias.

Refira-se sempre à primeira pessoa – diga "eu" ou "me".

AFIRMAÇÕES

Saúde	*"Meu corpo é o templo da minha alma e cuida de mim perfeitamente."*
Coragem	*"Sou um com o universo e estou sempre em segurança."*
Emprego	*"Trabalho perfeito com salário perfeito está vindo ao meu encontro."*
Amor	*"Eu amo o mundo e o mundo me ama."*
Sucesso	*"Abundância e sucesso vêm a mim de muitas maneiras."*
Felicidade	*"Sou equilibrado, alegre, feliz, radiante e livre de todo medo."*
Prosperidade	*"O universo é uma fonte inesgotável que derrama riquezas sobre mim."*

PARA A FRENTE E PARA O ALTO

*Depois de aprender a usar o poder do pensamento
positivo, você se perceberá na escada para o sucesso.
Use essa técnica extraordinária para melhorar cada
aspecto da sua vida, para ajudá-lo a conseguir um
trabalho melhor, para aperfeiçoar os seus talentos ou
para atrair-lhe boa saúde.*

O Poder da Mente Sobre a Matéria

Você pode ter usado o pensamento positivo para mudar suas emoções ou seu comportamento (ver páginas anteriores), mas é um desafio muito maior aceitar que você pode usar a mesma energia para influenciar objetos. Essa habilidade é conhecida como psicocinese ou PK. Até o momento não se sabe exatamente por que algumas pessoas podem afetar a queda em "cara ou coroa" de moedas, parar relógios ou ligar e desligar computadores. Mas os pesquisadores identificaram um padrão específico nas ondas cerebrais de pessoas no momento em que praticam a psicocinese. Essas descobertas podem ser a chave para essa capacidade – e você também pode desenvolver esse talento. Ele pode dar-lhe aquela "vantagem" vital sobre os acontecimentos e melhorar a sua sorte em apostas com cartas e dados. Procure fazer os experimentos descritos na página oposta e na seguinte – eles ajudarão a aperfeiçoar a sua aptidão psicocinética.

Depois de tornar-se hábil na aplicação da energia PK, você pode usá-la de muitas maneiras diferentes. Por exemplo, durante um jogo de sinuca ou de golfe, sua bola pode parar na beira da caçapa ou do buraco. Quando isso acontecer, tente "querer" que ela caia – você ficará surpreso com a quantidade de vezes em que terá sucesso fazendo isso. Aplicando a mesma energia do pensamento concentrado, você pode também descobrir que é capaz de parar ou iniciar relógios e computadores.

ATIVAÇÃO DA ENERGIA DO PENSAMENTO

Se você pode adquirir a aptidão, este exercício lhe oferece um retorno direto para ativar a sua habilidade PK. Suspenda o seu eu racional, acredite que é possível e "saiba" que pode fazê-lo.

1 *Coloque uma vela num castiçal, acenda-a e ponha-a sobre uma mesa numa sala silenciosa e vagamente iluminada. Veja que não haja correntes de ar nesse espaço.*

2 *Sente-se à mesa a uma distância de pelo menos meio metro na frente da vela. Relaxe completamente (ver página 23). Fite diretamente o núcleo da chama e faça-o até se sentir em total sintonia com o movimento, ritmo e energia da vela.*

3 *Quando estiver pronto, desloque o olhar para um ponto a uns 3 cm acima da chama. Concentre-se nesse ponto relaxadamente até sentir a chama "puxando" para cima.*

4 *Logo que isso acontecer, projete uma carga repentina de energia concentrada na chama; isso impele o movimento da chama para cima, elevando o seu nível.*

5 *Retenha a chama nesse nível o quanto puder. Em seguida, relaxe o olhar e deixe que a chama volte ao seu nível original.*

SUPERANDO AS PROBABILIDADES

Quando você joga uma carta no ar, as probabilidades de que ela caia virada para cima ou para baixo são absolutamente iguais, 50-50. Você consegue usar a mente para melhorar a sua média de acertos?

1 *Relaxe completamente (ver página 23) e resolva previamente se quer que a carta caia virada para cima ou para baixo.*

2 *Jogue uma carta no ar e, enquanto ela está em movimento, "queira" ativamente que ela caia como você antecipou. Faça isso 100 vezes, anotando cada resultado.*

3 *Num grupo de controle de outros 100 lançamentos, simplesmente jogue a carta no ar, não antecipando nenhum resultado. Anote o que acontece – os números devem estar perto da distribuição média normal de 50-50.*

4 *Some os resultados "antecipados". Se teve em torno de 65 "acertos", você demonstra uma habilidade PK positiva.*

Se obteve resultados positivos de exercícios psicocinéticos básicos, como o de elevar a chama de uma vela ou de parar relógios (ver páginas anteriores), você terá sentido a satisfação de ver o poder do pensamento em ação. Mas há outros modos de aplicar a energia mental focalizada; por exemplo, você pode ter ouvido falar de pessoas que podem mover objetos simplesmente concentrando-se neles. Isso é possível, mas não é fácil ter bons resultados sozinho.

A melhor maneira de ter sucesso na movimentação de coisas com a aplicação da energia mental é trabalhar com outros. Se faz parte de um grupo de desenvolvimento psíquico, você já estará acostumado a sincronizar energias. Mas o seu grupo já tentou aplicar a força do pensamento combinada para mover objetos? Pequenos grupos que se reúnem informalmente têm obtido excelentes resultados. Está comprovado que essas sessões experimentais com PK são uma forma estimulante para aguçar as habilidades psíquicas de uma equipe.

Se você não participa de um grupo psíquico, peça a algum amigo que o acompanhe no exercício descrito abaixo. Isso pode ser arriscado, porém: mesmo pessoas que você conhece muito bem podem ficar tentadas a "ajudar" um resultado favorável; por isso, fique atento.

A FORÇA DO GRUPO

As energias combinadas de um grupo psíquico podem ser utilizadas para movimentar objetos. Tente e veja.

1 *Escolha um recipiente, de preferência de vidro. Um recipiente de vidro com tampa é ideal, pois você pode ver, sem tocar, o que põe dentro dele.*

2 *Coloque o objeto que quer mover dentro desse recipiente. Use coisas como grãos de açúcar ou pó de café, no começo; depois, tente mover objetos pequenos, como uma agulha, por exemplo. Coloque o recipiente sobre a mesa, bem à vista de todo o grupo.*

3 *Faça o grupo sentar-se ao redor da mesa. Todos devem pôr-se em estado de relaxamento e meditação – lembre-se, concentração em excesso pode ser contraproducente.*

4 *Você pode pedir a ajuda de uma entidade confiável ou dar um nome à energia de pensamento ativo do grupo. Você pode chamá-la de "a agência", por exemplo.*

5 *O grupo deve agora concentrar-se em silêncio para entrar em sintonia com um espírito ou "agência" e pedir-lhe que ajude a todos a moverem o objeto que está no recipiente.*

6 *Se estão sendo usados materiais como grãos de açúcar ou café, pode-se pedir ao espírito ou "agência" que deixe uma trilha, um padrão ou uma mensagem. Cada pessoa deve visualizar intensamente o resultado desejado pelo grupo.*

7 *Mantenha a concentração do grupo por intervalos breves – vinte minutos, no máximo. Interrompa o exercício se alguém do grupo começa a se assustar ou se sente uma energia malévola.*

Aguce a Sua Visão Psíquica

Você já chegou a perceber uma sombra estranha no canto do olho, a ver uma névoa colorida em torno de uma pessoa ou de um animal, ou chegou a vislumbrar minúsculos pontos de luz oscilante? Esses são exemplos de visão psíquica – a capacidade de ver energias normalmente invisíveis a olho nu. Essa é uma capacidade singularmente útil; ela não só acrescenta uma dimensão extra à sua consciência diária do mundo ao seu redor, mas também lhe dá condições de perceber a aura de alguém (ver página 42) e aguça a clarividência (ver página 90). Você pode desenvolver a visão psíquica fazendo os exercícios apresentados abaixo e na página oposta. Eles lhe dão a flexibilidade de alterar o foco visual automaticamente.

EXERCÍCIO DE ALTERAÇÃO DA PERCEPÇÃO

Nem todas as figuras são o que parecem ser à primeira vista. O que você vê quando olha para a figura à direita? Uma pessoa bem conhecida ou uma miríade de minúsculas imagens com uma maior no centro? Agora afaste um pouco a página e incline-a ligeiramente. O que você vê agora?

COMO AGUÇAR O FOCO PSÍQUICO

O aperfeiçoamento das suas capacidades para trabalhar com fenómenos observáveis ajudá-lo-á a ver o que outros não vêem.

1 *Relaxe completamente (ver página 23) e estique bem os braços para a frente. Levante os dois dedos indicadores – distanciados uns 15 cm um do outro.*

2 *Concentre-se no espaço entre os dedos, fixando o olhar por alguns momentos.*

3 *Em seguida, aproxime lentamente os dedos. Tenha consciência do modo como o seu foco se movimenta para a posição dessa imagem. Pode ser para*

a direita ou para a esquerda, dependendo do dedo que recebe atenção maior.

4 *Faça isso até conseguir visualizar um terceiro dedo sem a ajuda dos outros dois.*

5 *A posição desse terceiro dedo é o ponto que você deve olhar ao ler uma aura (ver página 42) ou ao fazer um "escaneamento" psíquico. Use um olhar semifocalizado relaxado.*

Como Ver a Aura

Todas as coisas vivas têm um campo elétrico complexo, ou "aura", que as envolve. Algumas pessoas nascem com a capacidade de ver esse campo a olho nu, e descrevem faixas luminosas tremeluzentes com as cores do arco-íris irradiando do corpo e envolvendo-o. Existem várias teorias sobre a origem dessa energia radiante: em geral acredita-se que ela emana do plano mais elevado de consciência, entrando e saindo do corpo através dos chakras (ver página 28). Você também pode pensar na aura como um poderoso campo eletromagnético que lhe dá uma sensibilidade extraordinária para as influências externas e envia as suas vibrações energéticas para o mundo.

Estudos recentes com a participação de pessoas com olhos vendados mostram que as pessoas podem "sentir" quando alguém olha para elas atentamente. Os pesquisadores acreditam que essa informação é captada pela aura.

A aura humana é um "mapa" físico, emocional, mental e espiritual completo da vida e do caráter de uma pessoa. Ela revela padrões de pensamento e também o fluxo e refluxo da energia física e emocional, e mostra todas as áreas que precisam de cura ou de energia. Antes de propor-se a explorar o mapa da aura de outra pessoa, conheça antes o seu próprio aplicando as técnicas descritas na página oposta.

A IMAGEM DA AURA

O casal soviético Semyon e Valentina Kirlian foram as primeiras pessoas a obter uma imagem fotográfica da aura. A tecnologia avançou rapidamente desde então – o radiologista britânico Dr. Walter Kilner idealizou "telas" especiais para ver a aura e, como resultado, muitos sensitivos aprenderam a diagnosticar e curar doenças pela leitura da aura. Pode-se conseguir uma fotografia colorida da aura em convenções psíquicas. A fotografia kirlian ainda é extensamente usada. Um exemplo famoso é a imagem de uma folha com apenas metade da área; a folha aparece inteira na fotografia – a energia que irradia dela não é afetada.

COMO DESCOBRIR A SUA AURA

Aplique esta técnica para pesquisar o campo de energia em torno do seu corpo.

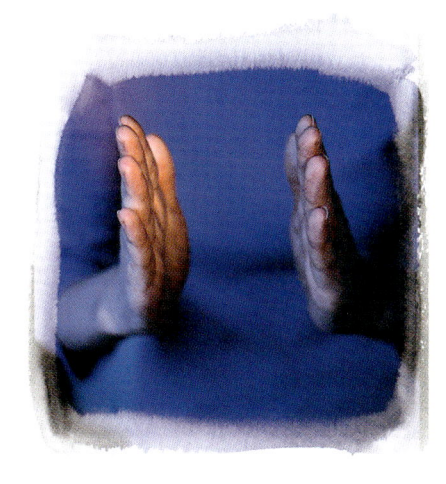 

1 *Trabalhe numa sala vagamente iluminada. Sente-se na frente de uma área nua da parede. Relaxe (ver página 23).*

2 *Estenda os braços à frente, uma das mãos virada para baixo e a outra para cima.*

3 *Aperte rapidamente uma das mãos na outra. Depois de um ou dois minutos, inverta as mãos e continue apertando até sentir que repuxam.*

4 *Solte as mãos ao lado do corpo. Em seguida, levante-as lentamente com as palmas viradas uma para a outra.*

Aproxime-as bem lentamente até sentir um ponto de resistência. Sinta as mãos se atraírem uma à outra como imãs, mas não deixe as palmas se tocarem.

5 *Semifocalize o olhar (ver página 41) na área em volta das mãos. Você pode ver um halo de luz em torno delas – e mesmo uma cor. Observe isso e sinta a energia acumulada entre as mãos. Você pode sentir uma pulsação ou vibração – essa é a sua aura.*

EXAME DA AURA

A aura reage ao estado de espírito, às pessoas e aos lugares. Você pode examinar rapidamente a principal cor dela no momento que quiser usando este método.

1 *É difícil ver a aura por inteiro, mas você pode examinar facilmente a cor predominante do momento.*

2 *Concentre-se no arco-íris aqui representado e em seguida olhe o seu rosto num espelho iluminado por trás com uma luz suave. Feche os olhos e visualize o arco-íris sobre a cabeça.*

3 *Abra os olhos rapidamente e olhe para o halo de cor(es) acima da cabeça. Essa é a principal cor da aura no momento.*

4 *Use o mapa de cores das páginas seguintes para interpretar a cor ou cores que você vê. E quando examinar a sua aura outra vez, observe como as cores mudaram.*

Quase todos temos idéia da cor nas auras, embora essa possa ser uma sensação subliminar. A sua visão inconsciente se reflete em comentários os mais casuais – por exemplo, você pode observar que alguém está "num humor negro", "amarelado", "vermelho de raiva", "verde de inveja", "róseo", ou *"feeling blue"* (abatido). Esses comentários intuitivos são sua resposta à cor predominante emitida pela aura de alguém num determinado momento – um instantâneo psíquico. Entretanto, é necessária uma sensibilidade de sintonia fina para decifrar cada matiz no arco-íris da aura.

O constante jogo da cor reflete pensamentos, impulsos e emoções em mudança e é profundamente fascinante explorar o significado de cada nuança (ver à direita). Procure não ficar obcecado com cada detalhe menor, porém – é igualmente importante perceber como as cores o fazem sentir-se em reação à energia emocional que elas projetam. Qual é a sua reação a uma cor específica? Ela flui facilmente? Ou é áspera e espinhosa? Muito importante: ela é forte e pura? Áreas sujas e irregulares não são bom sinal.

Você precisa observar também como as cores se relacionam. Elas não combinam? São harmoniosas? Quando se misturam num grande fluxo, isso indica alguém que está feliz por interagir com outros. Mas se as cores são incompatíveis umas com as outras, isso pode significar conflito interno e incapacidade para passar livremente de um nível de consciência a outro.

Lembre-se sempre de que as cores da aura têm relação direta com os chakras, e a melhor maneira de obter e manter uma aura equilibrada e saudável é respirar cor em cada chakra, como indicado na página 31.

Vermelho
Vibrantemente ativo, o vermelho revela energia física ou raiva. O carmesim pode indicar um impulso sexual intenso e o escarlate representa o ego. Um vermelho puro e brilhante pode restabelecer uma energia física exaurida.

Rosa
O rosa denota amor desinteressado e sensibilidade. Essa é a cor do praticante de cura, ou pode indicar que a cura espiritual está se realizando no momento.

Verde
Um verde-claro, cheio de frescor, mostra equilíbrio e crescimento; um matiz pastel, espiritualidade. O verde-escuro indica inveja e egoísmo. O verde-oliva, fosco, denota cobiça, falsidade ou depressão.

Azul
Esta pode ser uma cor profundamente curativa e indica um espírito independente. Áreas de azul-escuro na aura mostram teimosia ou dogmatismo – mas um azul-marinho vivo é altamente protetor.

Laranja

O laranja brilhante é sinal de uma sexualidade saudável. Matizes baços significam auto-indulgência. Laranja-avermelhado sugere dissimulação. Se emite labaredas para fora do corpo, denota descontrole sexual.

Amarelo

Amarelo brilhante, claro, significa intelecto, afeto e compaixão. Um tom fosco ou escuro denota uma pessoa receosa, ressentida, indolente, que pensa que o mundo lhe deve alguma coisa.

Dourado

Essa cor verdadeiramente espiritual é raramente vista na aura – ela é a marca dos santos ou dos seres divinos, e como tal representada nas auréolas. Usado na cura, o dourado é um excelente reforço geral e proteção.

Prateado

Quando envolta por essa cor, a pessoa tem energia mental errática. Ela vive uma vida de ilusão e pode estar mentalmente doente. A cor da prata também pode ser protetora – visualize-a envolvendo o seu carro.

Índigo/Violeta

O índigo é a eterna cor característica do sacerdote ou da sacerdotisa, e é emitida pelo buscador da verdade. Um violeta puro significa uma pessoa profundamente espiritualizada.

Cinza/Preto

Uma faixa preta ou cinza acima da cabeça mostra que a pessoa sofre de pensamentos depressivos. No plexo solar e na parte inferior do corpo, essas cores indicam emoções negativas.

Marrom

Essa cor indica uma pessoa materialista, perspicaz nos negócios e dotada de habilidades administrativas. Um marrom fosco indica a necessidade de conseguir o que ela quer imediatamente.

Branco

Como o dourado, esta não é uma cor vista com freqüência na aura humana. Ela sempre indica um ser altamente evoluído, de uma espiritualidade divina – como um santo ou um místico.

Fazer um resumo completo de tudo o que você vê na aura é uma arte sutil. Você certamente precisará ter uma idéia clara da sua estrutura e de onde as diferentes cores se localizam. Esse é um ponto essencial para compreender o significado de todas as nuanças de cor que você vê.

Para concentrar os seus pensamentos, veja a ilustração na página oposta. Ela mostra que a aura humana é formada por sete camadas que são alimentadas pelos chakras (ver página 28). Essas camadas sutis irradiam-se para fora em faixas de cor que envolvem o corpo. A qualidade dessas cores é o principal sinal do que está acontecendo em cada nível – quando as cores são brilhantes e puras, esse é um bom sinal; mas tons foscos, turvos, incompatíveis ou desarmônicos indicam áreas com problemas.

Se aprender a ver a aura com clareza, você terá uma percepção intuitiva privilegiada. Você poderá ver grandes contrastes e extremos de força e vulnerabilidade. Também conhecerá profundamente o caráter, os sentimentos, os pensamentos e os dons psíquicos de uma pessoa.

Se você gosta de desenhar, procure fazer esboços coloridos da aura – essa prática aguça a observação e aperfeiçoa a precisão. Se quer fazer trabalho de cura ou de energização sobre a aura, você pode consultar os esboços para confirmar as áreas onde encontrou problemas.

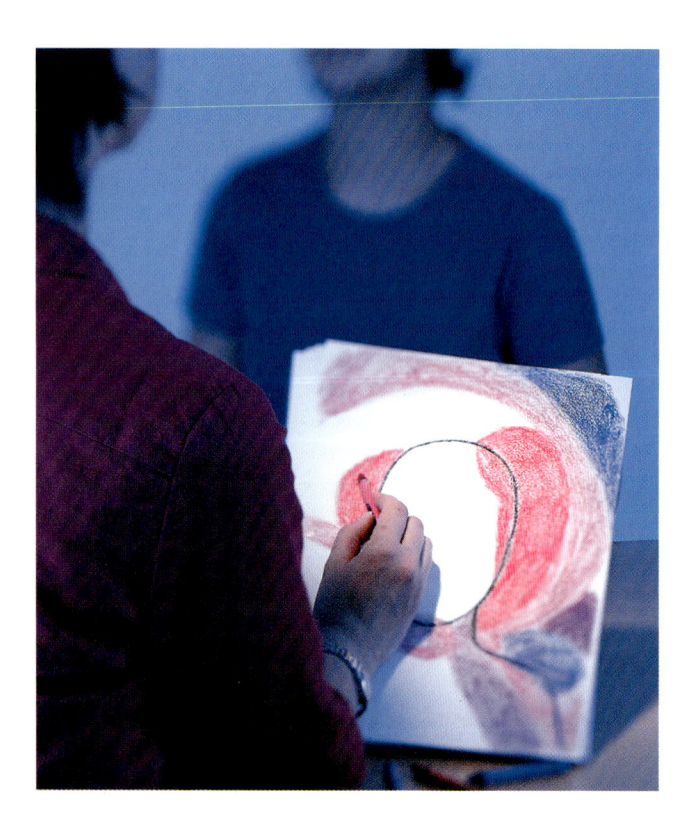

COMO FAZER UM RETRATO DA AURA

Caráter, pensamentos, sentimentos, sofrimento, felicidade, forças, fraquezas – tudo isso é visível na aura.

1 *Junte algumas folhas de papel e uma caixa de lápis de cor. Peça a um amigo ou amiga que se sente diante de uma parede pintada de branco ou de uma cor clara. Relaxe (ver página 23).*

2 *Olhe a área em torno do corpo do amigo. Semifocalize os olhos (ver página 41) na parede atrás dele.*

3 *Espere até conseguir ver (ou sentir) os contornos do campo de energia do amigo. Quando vir cores, peça ao seu amigo que mude de posição: as cores devem se mover ao mesmo tempo.*

4 *Agora desenhe a aura. Continue olhando e examinando; observe exatamente onde as cores estão localizadas, e indique se são claras ou escuras. Use as referências de cores das páginas anteriores como orientação para interpretar as cores, mas, na análise final, confie sempre na sua própria intuição.*

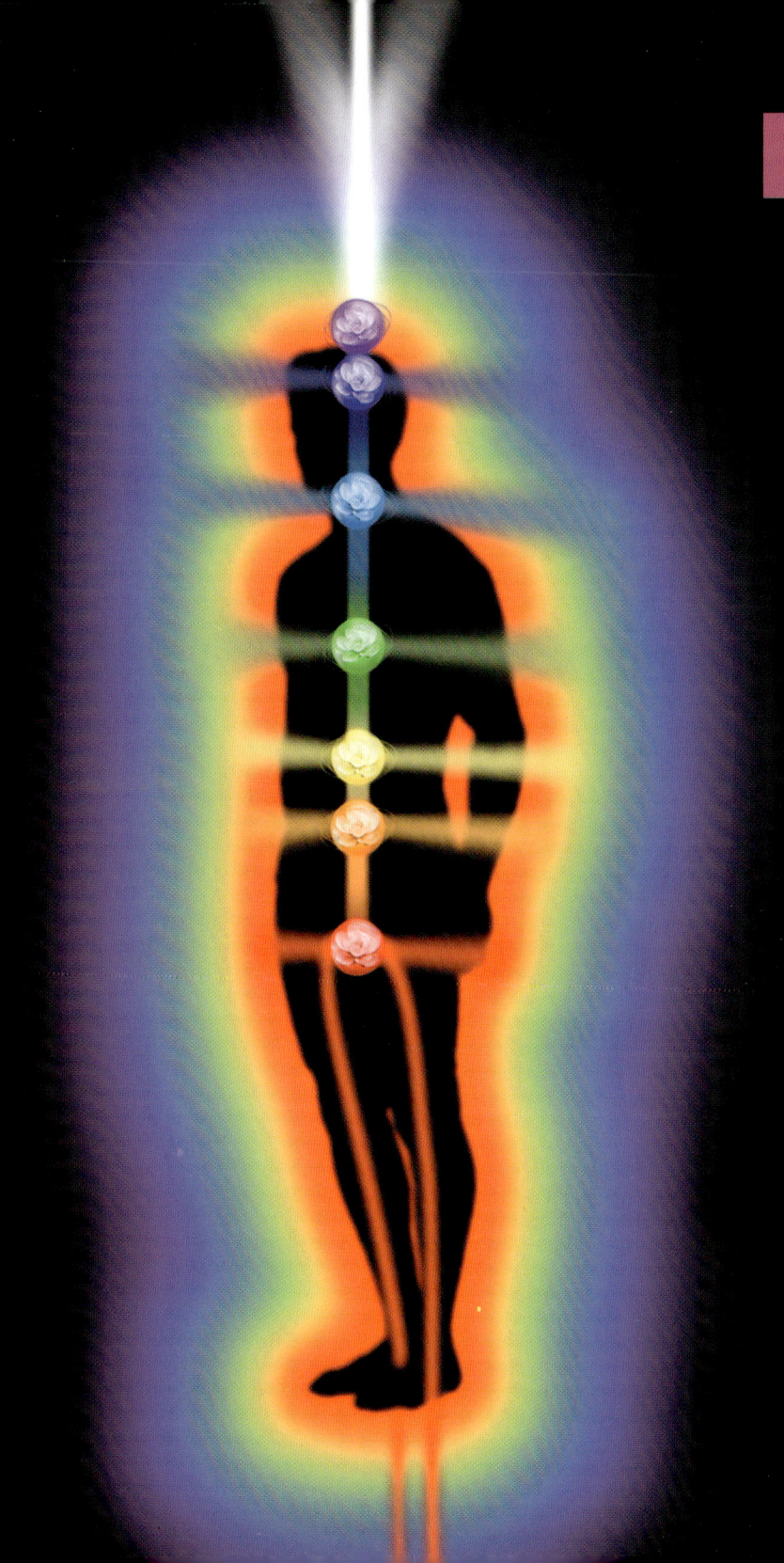

AS CORES DOS CHAKRAS

Cada chakra está associado a uma energia específica (ver página 28) e cada tipo de energia se manifesta como uma cor.

Amarelo *identifica o chakra do plexo solar;*

Azul *representa o chakra da garganta;*

Índigo, *o chakra da testa;*

Laranja, *a do chakra do sacro;*

Verde *é a cor do chakra do coração;*

Vermelho *é a cor da base, ou chakra mais inferior;*

Violeta *é a cor do chakra da coroa.*

Muito se pode aprender estudando a intensidade, a nitidez e a quantidade de cada cor, e relacionando esses dados com o "significado" da energia.

PERCEPÇÃO EXTRA-SENSORIAL

2

Você Consegue Ler a Mente?

Você sabia o que alguém iria dizer segundos antes que ele falasse? Em caso afirmativo, você teve a experiência de uma forma de telepatia – a capacidade de ler a mente. Esse dom psíquico é de extraordinária utilidade; ele o favorece com uma sensibilidade aguda e lhe dá condições de saber o que os outros realmente pensam. Você será capaz de interpretar as necessidades ocultas das pessoas com precisão incomum. Isso é proveitoso em todas as situações – quer você esteja tentando entender o que o seu chefe realmente quer de você ou descobrir por que o seu amigo assumiu inesperadamente uma atitude de reserva.

A capacidade telepática vem sendo amplamente estudada por pesquisadores da Percepção Extra-Sensorial (PES) porque os dados dos experimentos controlados de "leitura da mente" podem ser comparados com parâmetros da probabilidade estatística. Você pode aprimorar as suas habilidades telepáticas usando técnicas já testadas e comprovadas, como enviar e receber imagens simples (ver abaixo) e seguindo as informações apresentadas nas páginas seguintes.

O método clássico para testar a capacidade de leitura da mente foi criado pelo pesquisador e sensitivo Karl Zener. Ele criou uma série de cinco cartas com símbolos simples – um círculo, um quadrado, uma cruz, uma estrela e um desenho de três linhas onduladas. Essas cartas se tornaram um recurso da maior importância na área da pesquisa psíquica. Você pode comprar o baralho, mas é fácil fazê-lo você mesmo – corte uma cartolina em 25 pedaços iguais e faça cinco cartas de cada símbolo. Desenhe os símbolos com clareza, mas cuide que não sejam visíveis através da carta.

TESTE DE TELEPATIA DE ZENER

1 *Trabalhando com um amigo, resolvam quem será o "emissor" e quem será o "receptor" das imagens. Sentem-se em salas diferentes. Ambos precisam conhecer bem as imagens.*

2 *O emissor embaralha as 25 cartas, e em seguida, concentrando-se numa imagem durante três minutos, "transmite" a imagem para o receptor. O receptor deve anotar a imagem que "vê" – em geral a que aparece primeiro. Uma sineta, palmas ou um telefone celular podem ser usados para indicar o começo de uma nova "transmissão".*

3 *Testada a seqüência de 25 cartas, examinem os resultados e registrem os pontos. Há uma possibilidade de 20-25% de adivinhar a resposta correta. Uma pontuação sistematicamente correta de mais de 25% indica uma alta capacidade telepática.*

4 *Um teste rápido e fácil pode ser feito usando a grade das imagens de Zener apresentada na página oposta. Resolva que direção você quer seguir – de um lado ao outro, na diagonal ou de cima para baixo – e depois envie mentalmente as imagens em seqüência, ficando três minutos concentrado em cada uma. O receptor anota, como antes. Quantas imagens recebidas foram certas?*

A etapa seguinte no aperfeiçoamento das habilidades telepáticas é usar imagens totalmente casuais que o "receptor" ainda não viu. Isso é mais difícil do que trabalhar com as cartas de Zener (ver páginas anteriores), pois as imagens gráficas e simples dessas cartas são conhecidas tanto pelo emissor como pelo receptor.

Certamente ajudará se você estiver mental e emocionalmente perto da pessoa que está fazendo o teste. E se for alguém com quem você já teve "lampejos" de contato telepático, melhor ainda. Isso em geral acontece com pessoas que têm alguma forma de relacionamento – por exemplo, o vínculo mental entre gêmeos pode ser extraordinário.

O exercício e orientações aqui expostos podem ajudá-lo a alcançar um estado psíquico ainda mais avançado de emissão e recepção telepáticas. Esteja aberto a todo sinal e impressão que receber, e use a imaginação para aproximar-se e apreender a imagem.

COMO RECEBER IMAGENS INVISÍVEIS

Peça a um amigo de confiança que lhe "envie" uma imagem que você nunca viu antes.

1 *O seu amigo escolhe uma imagem ao acaso – pode ser a paisagem de um cartão postal ou uma figura de um livro, por exemplo. No início, é recomendável usar imagens gráficas simples, como a de um animal, de uma árvore ou de uma construção.*

2 *Na hora previamente combinada, o amigo se concentra na figura e a "envia" para você.*

3 *Prepare-se para receber a figura pondo-se num estado de relaxamento completo – faça o exercício respiratório da página 23.*

4 *Receba todas as sensações e impressões que entram em sua mente. À medida que chegam, simplesmente observe-as sem questionar, e faça um registro mental de toda imagem que possa ver.*

5 *Ao terminar, volte ao seu estado de consciência normal. Enquanto a figura estiver fresca na sua mente, desenhe as imagens que viu ou faça anotações minuciosas para poder verificar os resultados com o seu amigo.*

Ativadores da telepatia

Evite adivinhar o que a imagem possa ser.

Mantenha a sua mente num estado totalmente natural.

Não queira analisar como o emissor chegou a fazer a escolha que fez.

Logo que as imagens começarem a chegar, não as rejeite como idéias criadas pela sua mente.

Dê atenção especial às imagens e pensamentos que parecem não ter uma procedência específica – que aparecem repentinamente.

Ao fazer anotações, descreva o que você viu o mais detalhadamente possível, mas não invente nem exagere nada.

Não desanime se não recebeu nenhuma imagem ou se as imagens foram imprecisas. Continue tentando, pois você acabará tendo sucesso – talvez mais cedo do que imagina.

Alternem os papéis de emissor e receptor.

COMO DIRIGIR A SUA PERCEPÇÃO

53

Uma imagem pode ser de uma pessoa, coisa, lugar ou situação. Quando um quadro se formar na sua mente, registre as características principais e concentre-se nelas.

Você está recebendo uma vista externa?

Em caso afirmativo, como ela é? Você está olhando para o céu? Vendo uma montanha, uma praia, uma extensão de mar – ou parte de um jardim? Qual é o elemento central no cenário? Um pássaro, uma aeronave, um balão, uma escultura? Você vê uma árvore frondosa? Um barco? Ou um banco de jardim?

A imagem que você está recebendo sugere uma pessoa?

Se a resposta for positiva, trata-se de um homem ou de uma mulher? De um adulto ou de uma criança? Essa pessoa está fazendo alguma coisa? Está sentada ou de pé? Segurando alguma coisa? Jogando algum jogo? Ela usa alguma roupa especial? Ou alguma ferramenta ou equipamento?

Você sente que está olhando para alguma coisa específica?

Você está num escritório ou em algum setor de um hospital? Ou na sala de uma casa? Você consegue captar o componente essencial do cenário? Trata-se de um objeto ou de uma peça do mobiliário, como uma mesa, cadeira, lareira, sofá, ou alguma outra coisa, como uma bandeja com frutas, um vaso de flores, uma fotografia emoldurada ou um bolo de aniversário?

Você Consegue Ver um Lugar Desconhecido?

Durante os dias negros da Guerra Fria, circularam rumores de uma nova técnica de espionagem. O conhecimento psíquico estava sendo usado para desenvolver a habilidade de "ver" coisas a distância. Especialistas em segurança americanos treinavam pessoas na arte da visão remota. Esta consiste na habilidade de entrar em sintonia com um lugar em qualquer parte do planeta e ver o que acontece lá – deveria ser possível entrar em qualquer sala ao redor do mundo e captar o que nela estivesse ocorrendo. A visão remota também pode ser usada para ver uma pessoa ou objeto a uma certa distância. A visão remota funciona de modo parecido com a telepatia mental (ver página 52), com a diferença de que a informação não é transmitida por uma pessoa; as pessoas captam a informação sem que ela seja "transmitida".

Dom Raro

O aspecto mais instigante da visão remota é que ela literalmente expande o seu mundo, pois você pode viajar para onde quer sem sair de casa. Certa vez, o sensitivo Ingo Swann recebeu de alguém que ele não conhecia, por telefone, uma determinada posição indicada pelas coordenadas geográficas. Ele identificou imediatamente uma ilha rochosa – havia alguns prédios lá, inclusive uma estrutura alaranjada. Ele descreveu a praia e outros detalhes. Essas coordenadas geográficas identificavam a ilha de Kerguelen, onde os franceses mantinham uma base de pesquisas voltada ao estudo da atmosfera superior. Swann não tinha nenhum conhecimento anterior desse fato, mas a sua descrição foi misteriosamente precisa.

Quanto às aplicações práticas, ela seria de grande ajuda para os que exercem profissões que exigem criatividade. Escritores poderiam usá-la para fazer descrições realistas de lugares bem conhecidos. Artistas também poderiam usá-la para compor quadros, telões de fundo e cenários teatrais de lugares que não podem visitar pessoalmente. Em termos do dia-a-dia, é mais provável que você a adote para seguir os movimentos das pessoas que você ama. É uma forma extraordinária de "acompanhar" parentes e amigos que estão fora de casa. Pais de adolescentes, especialmente, provavelmente gostariam de manter-se "informados" sobre os lugares freqüentados pelos filhos. Mas lembre-se sempre de respeitar a privacidade de todos – um acompanhamento amoroso é aceitável, mas a bisbilhotice obsessiva não o é.

Teste de Capacidade

Profissionalmente, pessoas conhecidas pelo dom da visão remota freqüentemente são solicitadas a ajudar a polícia a encontrar pessoas desaparecidas e a colaborar com investigações criminais. Elas podem ser úteis, por exemplo, para localizar destroços de acidentes aéreos em lugares montanhosos ou de floresta densa.

Os cientistas testam a capacidade de visão remota fazendo com que um leigo pegue uma dentre centenas de fotografias. Em seguida, essa fotografia é escondida, sem que nenhuma pessoa envolvida no experimento a veja. A pessoa que está sendo avaliada é então solicitada a descrever o conteúdo da fotografia. Uma comissão independente então avalia a precisão da descrição. Você pode testar a sua habilidade usando o exercício da página oposta.

A EXPERIÊNCIA DA VISÃO REMOTA

Em suas primeiras tentativas, escolha um lugar para "visitar" que você nunca tenha visto, mas seja conhecido de um amigo de confiança. Pode ser a casa ou o lugar de trabalho anterior dele, ou algum lugar que ele tenha visitado, por exemplo.

1 *Relaxe completamente e feche os olhos, pondo-se num estado de meditação. Dirija a atenção para a respiração e em seguida, com a imaginação, desloque-se até o seu destino e entre lentamente no espaço.*

2 *Olhe ao seu redor atentamente; o que você vê? Descreva para o seu amigo as cores, texturas, móveis, paredes, portas, tetos, animais de estimação, pessoas – e registre qualquer coisa incomum – qualquer detalhe estranho que chame a sua atenção.*

3 *Quando se sentir satisfeito com o que viu, volte para o seu corpo.*

4 *Verifique com o amigo se você captou os detalhes acertadamente. Ou, se ele não está com você, faça algumas anotações para analisar com ele posteriormente.*

O Que um Objeto Consegue Dizer-lhe?

Se você se lembra de já ter dito alguma coisa como "Sinto-me estranho sempre que uso este anel" ou "Não gosto da sensação que essa peça de roupa me passa", é provável que tenha passado pela experiência da psicometria. Psicometria é a arte de sentir energias emitidas por objetos inanimados. Qualquer objeto – algo pequeno, como uma jóia, ou grande, como um móvel – pode ser "lido". Todos os objetos têm seus próprios e únicos campos de energia, e esses campos absorvem vibrações das pessoas e lugares com que estão relacionados. Mesmo que um objeto tenha ficado na posse de alguém por tempo curto, ele terá absorvido em seu campo energético a vibração própria dessa pessoa.

Um uso evidente para esse dom seria determinar o verdadeiro proprietário de um objeto encontrado. Ele também seria proveitoso para curandeiros de todos os tipos, pois os clientes freqüentemente se recusam a dar informações referentes às suas situações ou condições. Ler os pertences de alguém é uma forma de conhecer sem ser intrusivo.

Mas, como acontece com muitas habilidades psíquicas, o que se consegue com esse dom pode não ser imediatamente evidente para todos – exceto como fonte de admiração. A maioria dos sensitivos acredita que as informações comunicadas mediante um sexto sentido propiciam uma camada a mais por meio da qual o mundo e tudo o que nele se encontra podem ser compreendidos. Afinal, conhecimento é poder.

LEITURA DAS ENERGIAS DE UM OBJETO

Peça à pessoa para quem você está fazendo a leitura que lhe dê alguma coisa que pertence a ela. Um anel ou um relógio que foi usado durante muito tempo é uma boa escolha.

1 *Segure o objeto nas mãos e dirija os seus pensamentos (e portanto a sua energia) para o objeto. Talvez você se concentre melhor fechando os olhos.*

2 *Visualize-se enviando uma seta de pensamento que o liga ao objeto. Em seguida, relaxe imediatamente e deixe que as impressões afluam para a sua mente. Ao fazer isso, a energia que você está usando é simultaneamente ativa e receptiva. Você precisa de ambas durante o trabalho psíquico.*

3 *Registre exatamente o que você recebe, seja uma imagem, sensação, um pensamento ou impressão. Não despreze nada; mesmo a sensação mais vaga pode ser uma indicação. Por outro lado, a psicometria pode ser muito física e você pode ter sensações bastante diferentes, como a de um objeto esquentando ou esfriando.*

4 *Procure não se deixar abater pela idéia de que esses pensamentos e impressões são "apenas coisas da mente". Simplesmente aceite que todas as informações precisam passar por sua mente. Você pode receber imagens familiares, mas isso não significa que não sejam importantes.*

5 *Diga à pessoa exatamente o que você vê; não omita nem enfeite nada. Evite projetar os seus julgamentos e experiência no que está vendo.*

Informações de quem conhece PSICOMETRIA

As percepções mais imediatas *são imagens do que o dono do objeto que você está lendo esteve pensando, sentindo e fazendo nas últimas 24-48 horas.*

Pensamentos e sentimentos *arraigados ou ações carregadas de emoção perdurarão nas vibrações de um objeto durante anos. Os efêmeros, porém, produzem energias correspondentemente passageiras.*

O quanto você pode dizer sobre proprietários anteriores *depende da história do objeto. Se você entra em sintonia com um objeto herdado por uma filha cuja mãe morreu vinte anos atrás, talvez você não receba informações significativas sobre essa mãe. No entanto, se a filha continua muito afetada pela morte da mãe, você pode receber mais dados do proprietário original.*

Você Sente Coisas Que Outros Não Sentem?

Algumas pessoas têm a excepcional qualidade de sentir coisas que estão além dos limites da percepção normal. Essa qualidade é chamada de clarissenciência, uma forma de intuição que lida com energias infinitamente sutis e frágeis a que se tem acesso de modos aparentemente inexplicáveis. Uma maneira de desenvolver uma sensibilidade intensificada é entrar em sintonia com a energia benévola das plantas (ver abaixo). Isso pode preenchê-lo com uma sensação vibrante de bem-estar. A energia positiva então sairá de você e retornará à planta, criando um ciclo dinâmico, virtuoso. Estabelecendo uma relação psíquica ativa com a natureza, os seus sentidos estarão receptivos a tudo o que o cerca e você obterá informações a que outros não têm acesso.

COMO ENTRAR EM CONTATO COM A NATUREZA

Todas as flores, plantas e árvores geram energia benéfica. Podemos compreender e dizer que essa energia é o exército dos "espíritos guardiães" desses seres vivos. Para entrar em sintonia com essa força positiva, vá a um espaço ao ar livre da sua preferência e deixe-se atrair por uma árvore, planta ou flor em particular.

1 *Sente-se debaixo ou perto da planta escolhida de modo a poder movimentar-se dentro da aura dessa planta.*

2 *Depois de pôr-se num estado de serenidade e meditação, ocupe alguns minutos tomando consciência da sua respiração (ver página 23); na seqüência, depois de concentrado, dirija a respiração para o chakra do coração.*

3 *Abra literalmente o seu coração e espere. As energias da natureza estão numa freqüência diferente das suas, por isso, se essa é a sua primeira tentativa, talvez você precise de bastante tempo para estabelecer contato.*

4 *Receba a energia da planta e peça em silêncio ao espírito guardião dela que se comunique com você.*

5 *O seu sentido do olfato é uma boa rota para a energia da planta, por isso esteja atento aos aromas que o cercam. Se a sua sintonia for fina, você poderá sentir a respiração do espírito. É como se você fosse afagado pelas asas de uma borboleta.*

6 *Esteja aberto a todas as impressões que receber e usufrua esse contato privilegiado com a natureza.*

PARA COMPREENDER A LINGUAGEM DAS FLORES

Embora a sintonia com o "espírito" de uma flor possa lhe oferecer vislumbres que ultrapassam o saber comum, você também pode aprender muito sobre uma pessoa observando a cor, forma e aspecto da flor que ela prefere.

Primária ou pastel?
O matiz da florescência pode lhe dizer muita coisa sobre a pessoa. Cores amarelo-brilhantes, por exemplo, convêm à alguém com um intelecto aguçado, enquanto flores vermelhas estão associadas a naturezas fogosas.

Flor distante ou próxima das folhas?
Se a flor está separada de outras partes da planta, isso indica independência e/ou ambição. A proximidade denota dependência.

Um ou muitos botões? *Se um, a pessoa pode ser um tanto solitária. Vários botões e folhas no caule apontam para alguém sociável que gosta de ter pessoas por perto.*

Caules retos, retorcidos, longos ou curtos? *O caule revela o caminho de uma pessoa na vida. Eles são retos, retorcidos, longos ou curtos? A parte inferior descreve o passado ou a juventude, a região intermediária, o presente ou a idade adulta, e a parte alta representa o futuro ou a velhice.*

Flor forte e saudável? *Em caso afirmativo, isso deve se refletir no caráter da pessoa que a escolheu.*

O Que Dizem as Flores

Por centenas de anos as flores vêm sendo usadas para transmitir mensagens confidenciais – especialmente entre pessoas que se amam. Tradicionalmente, cada flor tem um significado especial. Como elas podem absorver a sua energia pessoal, você pode usar flores para transmitir pensamentos e sentimentos. Novamente, entrando em sintonia com uma flor (ver página 62), você pode infundi-la com a sua intenção; por isso, quando uma pessoa recebe de presente uma flor, esta pode comunicar um vocabulário mais amplo de sentidos codificados. Inserida num ramalhete ou num buquê, a mensagem em cada flor equivale realmente a um documento vivo. Assim, na próxima vez que der um arranjo de flores ou mesmo uma única flor, pense no sentido que você quer comunicar, e veja se a pessoa presenteada capta a mensagem especial que o seu gesto quer transmitir. Para ajudá-lo a escolher as flores mais adequadas, veja à direita alguns significados bem documentados.

Abrunheiro
Obstáculos. "Alguém está se interpondo entre nós."

Açafrão
Alegria da juventude. "Delicio-me no seu frescor."

Alecrim
Lembrança. "Por favor, conserve-me no seu coração."

Alfazema
Negação.
"Gosto muito de você, mas não é amor."

Amor-perfeito
"Você está em meus pensamentos" –
amarelo: Recordação.
branco: Pensamentos de amor.
púrpura: Lembranças.

Anêmona
Separação. "Seus encantos não me atraem mais."

Árbuto
Amor. "Só você eu amo."

Áster
Reflexão tardia. "Lamento a minha impetuosidade."

Begônia
Advertência. "Estamos sendo observados."

Boca-de-leão
Rejeição. "Por favor, não me perturbe mais."

Bons-dias
Persistência. "Você jamais se livrará de mim."

Camélia
Encanto. "Você é de um encanto sem par."

Camomila
Fortaleza. "Admiro a sua coragem na adversidade."

Campainha
Constância. "Sou fiel."

Campânula
Manhã. "Encontre-me amanhã antes do meio-dia."

Campânula branca
Atenções renovadas. "Acho que não consigo te esquecer."

Centáurea azul
Delicadeza. "Seus pés mal tocam o chão."

Ciclame
Indiferença. "Seus protestos me deixam insensível."

Cravo
Símbolo de sentimentos –
branco: Afeição pura.
rosa: Necessidade de estímulo.
vermelho: Amor apaixonado.

Cravo-de-defunto
Sem atração –
africano: Descortesia.
francês: Ciúme.

Crisântemo
O estado de um relacionamento –
amarelo: Desânimo.
bronze: Amizade.
vermelho: Amor correspondido.

Dedaleira
Superficialidade. "Você não está apaixonado realmente."

Dente-de-leão
Situação absurda. "Suas pretensões são ridículas."

Flor da cerejeira
Aumento. "Para o amadurecimento da nossa amizade."

Flor da laranjeira
Pureza. "Você é o meu primeiro amor."

Flor da macieira
Beleza e bondade. "Você é a síntese da amabilidade."

Fritilária
Dúvida. "Posso confiar em você?"

Fúcsia
Advertência. "Cuidado! Seu amante é falso!"

Gardênia
Suavidade. "Você é agradável aos sentidos."

Gerânio
O que está acontecendo? –
escarlate: Duplicidade. "Não confio em você."
branco: Indecisão. "Ainda não resolvi."
rosa: Dúvida. "Explique os seus atos."

Giesta
Devoção. "Sou seu fiel admirador."

Girassol
Ostentação. "Você é absolutamente admirável."

Gladíolo
Dor. "Suas palavras me magoaram."

Goivo amarelo
Constância. "Sou seu para sempre."

Hera
Vínculos. "Sinto-me ligado a você."

Hidrângea
Inconstância. "Por que você é tão volúvel?"

Íris
Ardor. "Tenho paixão por você."

Jacinto
Expressão de sentimentos –
azul: Devoção.
branco: Admiração.

Jasmim
Elegância. "Você tem gosto refinado para tudo."

Lilás
Novidade –
branco: Inocência.
púrpura: Primeiro amor.

Lírio-do-vale
Modéstia recatada. "A amizade é doce."

Lírio tigrino
Paixão. "Meu amor não conhece limites."

Lobélia
Negatividade –
azul: Aversão.
branca: Repulsa.

Lunária
Franqueza. "Não estou certo dos meus sentimentos."

Madressilva
Compromisso. "Você tem o meu coração."

Magnólia
Fortaleza. "Não desanime, dias melhores virão."

Margarida
Moderação. "Dar-lhe-ei uma resposta em poucos dias – talvez precise aprender a amá-la."

Mimosa
Sensibilidade. "Você é muito rude."

Miosótis
Lembrança. "Pense em mim na minha ausência."

Narciso
Egoísmo. "Você só ama a si mesmo."

Narciso amarelo
Recusa. "Não retribuo os seus afetos."

Orquídea
Luxúria. "Você merece todas as riquezas que posso depositar aos seus pés."

Papoula
Contenção –
branca: Delonga. "Ainda não resolvi."
vermelha: Moderação.

Peônia
Contrição. "Peço perdão."

Petúnia
Proximidade. "Gosto de estar perto de você."

Pilriteiro
Esperança. "Lutarei para conquistar o seu amor."

Primavera
Devoção silenciosa. "Adoro-o humildemente."

Prímula
Amor surgindo. "Eu poderia aprender a te amar."

Rainúnculo amarelo
Brilho. "Beleza dourada é a sua."

Rosa
Expressão de amor –
amarela: Afeição extraviada.
branca: Recusa. "Não te amo."
vermelha: amor apaixonado.

Tulipa
Declaração. "Com este sinal, declaro minha paixão."

Violeta
Modéstia. "Sua simplicidade é agradável."

Você *Sabe* o Que Vai Acontecer?

Algumas pessoas têm a capacidade surpreendente, fantástica, de prever exatamente o que está para acontecer; o conhecimento de acontecimentos futuros parece surgir-lhes literalmente do nada.

O pressentimento, às vezes também chamado de precognição, é essa sensação intensa de que alguma coisa vai acontecer. Freqüentemente, essa sensação não é específica – você pode ter uma expectativa estimulante de antecipação ou uma sensação desconfortável de apreensão. Você tem essas sensações porque a sua intuição está alerta antes que a sua percepção consciente entre em ação. Mas não é difícil despertar e desenvolver o dom da precognição em si mesmo. O teste abaixo deve revelar se você tem conhecido as coisas antecipadamente – o que, se aconteceu, pode ser surpresa. Assinale as perguntas que se mostraram verdadeiras para você.

Como Aperfeiçoar a Precognição

Conhecer as coisas antes que aconteçam lhe dá uma "vantagem" extra em todas as situações – tanto na relação com as pessoas como na avaliação dos

---

Sensação de coisas que acontecerão

Se responder "sim" a uma questão, assinale a quadrícula correspondente. Totalize as quadrículas assinaladas e anote o resultado.

❏ Você se encontrou em alguma situação em que subitamente sentiu perigo? Os pêlos atrás do pescoço ficaram arrepiados?

❏ Uma carta o deixou feliz antes mesmo que você lhe conhecesse o conteúdo?

❏ Você entreouviu pessoas falando e teve uma sensação de mau agouro sem conhecer o assunto da conversa?

❏ Você já teve uma sensação premente de que algo estava errado enquanto um amigo lhe falava sobre alguém que ele acabara de encontrar?

❏ A caminho de um encontro marcado, você já teve uma sensação incômoda de que não deveria prosseguir?

❏ Depois de fazer um teste, você ficou com a certeza de que foi aprovado/reprovado?

❏ Enquanto ouvia alguém falando sobre uma data futura, você teve uma sensação desalentadora de que estaria num lugar específico nessa época?

❏ Você "sabia" que alguma coisa ocorreria, que realmente lhe aconteceu em momento posterior?

❏ Quando você era pequeno, os seus pais ou amigos sugeriram uma possível carreira? E você "sabia" que faria algo completamente diferente?

❏ Você já comprou uma rifa e teve certeza de que ganharia o prêmio antes de ganhá-lo?

eventos. Assim, aprendendo a confiar em seus palpites e sinais internos, você terá um impulso positivo na sua confiança.

Como você pode aperfeiçoar essa admirável capacidade? Em primeiro lugar, sempre que tiver a sensação de que algo vai acontecer, considere-a um alerta para "prestar atenção". E em especial, se pressentir perigo ou ameaça, confie em sua intuição – jamais a ignore.

Pode ajudar bastante se você conseguir verbalizar essas sensações e expressá-las em voz alta. Em seguida, visualize o fato em detalhes gráficos, como se ele já tivesse acontecido. Depois de ter o quadro completo, descreva-o no seu diário psíquico – e faça anotações regulares sobre cada "palpite" que você tiver sobre pessoas ou acontecimentos. Verifique posteriormente se elas foram precisas.

Outra boa técnica para aguçar a intuição é fazer exercícios de PES em telepatia (ver página 50). Finalmente, você será capaz de ouvir a sua voz interior sem desmerecer a sua capacidade de raciocínio.

Quantas perguntas você assinalou?

❏ **1-3**

Se você respondeu "sim" mesmo que seja a poucas perguntas, você já tem a habilidade básica da precognição.

❏ **4-6**

Aprenda a confiar em seus palpites e sensações – você tem uma sensibilidade acima da média para informações "inesperadas" proveitosas.

❏ **6-10**

Talvez você deva pensar em participar de cursos de desenvolvimento psíquico, pois está em contato com habilidades extra-sensoriais que podem ser desenvolvidas com sucesso.

O Contato com o Inconsciente Coletivo

O psicólogo Carl Jung acreditava que o contato com imagens universais poderosas ajuda o seu eu interior a trabalhar em harmonia com a sua mente consciente, ao mesmo tempo que o mantém em sintonia com o mundo cósmico. Esse é um estado profundamente saudável a que você pode aspirar, não só se quer se tornar um sensitivo perfeito, mas também se almeja ser mais feliz e mais perceptivo de modo geral.

Jung descobriu que várias figuras míticas e arquetípicas apareciam nos sonhos e nas fantasias dos seus pacientes. Ele também sabia que essas figuras faziam parte dos mitos e lendas do mundo todo. Elas podem ser equiparadas aos arcanos maiores do tarô (ver página 84). Ele sugeriu que arquétipos emergem de um grande "banco de dados" do conhecimento humano e deu a esse banco o nome de "inconsciente coletivo". Esse é um recurso extraordinário, pois serve como elo de ligação entre todas as pessoas do planeta.

A experiência de Jung com essas imagens o convenceu de que a adoção de arquétipos pode desencadear vislumbres intuitivos que sobrepujam a análise racional; isso então nos permite compreender melhor as ações e motivos das outras pessoas. O método junguiano da "imaginação ativa" descrito a seguir estimula esse processo criativo.

CAMINHANDO COM OS ARQUÉTIPOS

A viagem imaginária aqui esboçada é um bom exemplo da técnica junguiana. Aplicando-a sozinho, ela é um modo altamente eficaz de ativar os seus poderes intuitivos, fazendo-o passar por situações e encontros arquetípicos. Entretanto, se pedir a outros que também a adotem, você poderá comparar as suas "experiências" com as deles. Avalie as suas experiências baseando-se na interpretação das imagens apresentada na página 65. Também é uma boa idéia registrar as experiências dessa jornada no seu diário psíquico.

1 *Depois de relaxar (ver página 23), imagine que você acordou numa manhã de sol resplandecente – e que tem o dia inteiro à sua disposição. De repente, você se surpreende numa estrada.*

2 *Comece a caminhar por essa estrada até chegar a um prado. Relaxe e ande nesse prado, sentindo a grama sob os pés, a brisa no rosto, os aromas, vistas e sons que o envolvem.*

3 *Quando achar que está pronto, volte para a estrada e retome a caminhada. Aos poucos você se dá conta de que a estrada se torna mais íngreme e que está subindo numa montanha. Observe como é essa subida, e quando chegar ao cume, pare algum tempo para contemplar toda a paisagem que vê do alto.*

Imagens na sua jornada

Imagens em visualizações e sonhos são tentativas do inconsciente para se expressar com simplicidade. O objetivo delas não é desorientar – muitas vezes, o significado óbvio é o mais preciso, e uma série de ambientes arquetípicos atua como uma passagem para a mente.

Prado *Representa a natureza nos seus aspectos benéficos, a base criativa positiva da vida e a vida da criança interior.*

Floresta *A mata cerrada mostra o seu lado obscuro, temível. Caminhar na floresta lhe possibilita reconciliar esses aspectos difíceis de si mesmo.*

Montanha *Obstáculos são desafios que o põem à prova. O modo como você sobe lhe mostra como desenvolver a sua liberdade psíquica.*

Capela *Simboliza os aspectos íntimos da sua alma; também lhe mostra algumas possibilidades para a transformação psíquica.*

4 *Quando resolve descer, você volta para a estrada e percebe que as árvores parecem se aproximar e se tornam cada vez mais densas. Você descobre que está no meio de uma floresta. Que sensações você tem e como reage a elas?*

5 *Depois de algum tempo, a luz começa a ficar mais forte e brilhante e a estrada o leva para fora da floresta. Um pouco adiante você vê uma construção; chegando mais perto, percebe que é uma capela. Você resolve entrar. Enquanto está aí dentro, preste atenção às suas experiências e impressões. Deixe a capela quando sentir que está pronto.*

6 *Fora, o sol brilha, e você toma o caminho de volta, a volta para o seu mundo. O que você vê no caminho, e como se sente com relação a si mesmo e ao que o cerca? E como se sente quando finalmente chega em casa?*

O Que os Sonhos Lhe Dizem?

Os sonhos podem constituir-se numa reserva apreciável de vislumbres sobre os seus pensamentos e sentimentos. Pesquisadores do comportamento durante o sono acreditam hoje que precisamos sonhar para manter o equilíbrio da mente e do corpo. Alguns sonhos reprisam os acontecimentos do dia que passou ou antecipam as expectativas do dia seguinte. Esse é o modo como a mente classifica e assimila dados – um pouco como arquivar documentos no computador. Os pesquisadores sabem que os sonhos mais vívidos ocorrem três ou quatro vezes durante o sono REM (uma fase caracterizada pelo movimento rápido dos olhos). Se você não tem um sono REM, o corpo compensa a deficiência, pois ele depende de quantidades regulares para ser saudável. Assim, além do "significado" que os sonhos possam ter, eles ajudam a reduzir o estresse, a limpar a bagunça mental e a mantê-lo saudável e calmo.

TEMPLOS DE SONHO

Povos de culturas antigas usavam o sonho e a interpretação dos sonhos para a cura. Eles construíam templos com câmaras de dormir sagradas atendidas por sacerdotes e sacerdotisas treinados na interpretação de sonhos. O paciente recebia um banho de purificação, uma massagem com óleos sagrados e era levado para a câmara de sonho. Na manhã seguinte, ele contava os sonhos ao sacerdote ou sacerdotisa, que então os analisava e explicava minuciosamente. Esse processo era repetido até que o paciente se sentisse recuperado.

Anotações no diário: A descoberta da sua visão interior

- Um diário de sonhos pode fazer-lhe grandes revelações sobre a sua vida inconsciente. Tenha um caderno especial e uma caneta na mesa de cabeceira e use-o para registrar sonhos significativos.
- Você não se lembrará de todos os sonhos; anote todos os que conseguir lembrar. Estes serão como um "banco de dados" do seu mundo interior.
- Logo ao acordar, registre o sonho em detalhe no diário. Concentre-se nas imagens principais; se havia nele pessoas que você conhece, pense sobre o que elas significam para você.
- À medida que o diário de sonhos se avoluma, você começará a perceber uma ligação entre os sonhos – os mesmos podem se repetir ou pode haver imagens, cores e símbolos persistentes.
- Faça resumos regulares: agrupe sonhos sob temas mais gerais, registrando personagens, enredo, lugares, cores e imagens.
- Os sonhos farão sentido com o passar do tempo. Uma amiga que fazia terapia para vencer o medo de voar tinha sonhos terríveis sobre viagens aéreas. À medida que a terapia evoluía, os sonhos se tornaram mais leves; voar tornou-se para ela uma diversão e não uma fonte de medo.

Aspectos de interpretação

Você já teve um sonho que o deixou completamente confuso? O que ele queria dizer? Se perguntar aos especialistas, você descobrirá que existem diversas linhas de pensamento clássicas – assim, como define a interpretação apropriada para você? Por exemplo, você sonha que está se afogando no mar...

Um behaviorista *poderia ver o sonho como um aspecto da sua personalidade. Afogar-se pode significar que você não se sente no controle – você poderia estar se "afogando" sob a pressão do trabalho, por exemplo.*

Um pragmatista *perguntaria o que você fez antes de dormir. Assistiu a um programa de TV sobre acidentes no mar? É provável que uma imagem chocante esteja alojada na sua memória.*

Um freudiano *relacionaria o sonho com a satisfação do impulso sexual. O afogar-se simboliza ser atormentado pela paixão sexual.*

Um junguiano *vê o mar como uma imagem do inconsciente coletivo. Um sonho assim indicaria que você está em contato com o mundo num nível espiritual.*

Quem está certo? Não rejeite um ponto de vista sem refletir. Todas essas perspectivas têm uma lógica interna, por isso esteja aberto. Como árbitro decisivo, use a sua intuição para descobrir o que o seu sonho diz. Quando chegar ao significado "correto", um "Ah!" expressará a compreensão procurada.

O Significado dos Sonhos

Você provavelmente já entrou em contato com vários símbolos de previsão nos sonhos. Possivelmente, a sua família guarda imagens com significados específicos aceitos. Por exemplo, se um dos familiares sonha com um quadro caindo da parede, é possível que os demais concluam que alguém sairá de casa. Mas os vizinhos podem interpretar o sonho como morte iminente de um membro da família.

Algumas pessoas sonham com um acontecimento logo antes que ele ocorra – muitas dizem que haviam "visto" o assassinato do presidente Kennedy em sonho um ou dois dias antes que ele se consumasse. É como se as ondas de choque de um evento traumático reverberassem através do tempo emitindo um lampejo do futuro. Mas não imagine que todo pesadelo se tornará realidade.

Use o bom senso ao interpretar sonhos: talvez você desconheça alguns significados dos símbolos dos sonhos aqui apresentados, mas eles refletem as experiências de intérpretes sensitivos. Use-os simplesmente como indicadores. Por exemplo, se sonhar com uma estrada, veja o que está acontecendo. Se a estrada for aberta, livre e de fácil percurso, sua jornada da vida será desimpedida. Mas se ela for cheia de obstáculos, você terá dificuldades. Preste atenção também à atmosfera em geral: elementos limpos, claros e brilhantes sugerem perspectivas positivas, enquanto aspectos turvos, desconjuntados ou degenerados apontam para situações negativas.

Acidente *Situação confusa que requer reflexão e discrição.*

Aeronave *Ambição e coragem.*

Águia *Ambições realizadas.*

Âncora *Solução de preocupações atuais.*

Anel *Nova amizade importante.*

Animais –
domésticos: *Felicidade.*
selvagens: *Traição e crueldade.*

Anjos *Presságio auspicioso.*

Aranha *Acidente evitado por sorte.*

Arco-íris *Saúde e riqueza.*

Banho –
água fria: *Sucesso e prosperidade.*
água quente: *Fracasso por indolência.*
banheira vazia: *Advertência contra decisões tomadas com raiva.*

Bebê *Novo começo.*

Boca *Riqueza esperada.*

Bote *Mudança de residência ou uma viagem.*

Cabeça *Infortúnio.*

Cabelo *Boa saúde.*

Camundongo *Interferência de outros em seus assuntos. Você é um homem ou um...?*

Carta *Uma carta ou mensagem precisa ser enviada.*

Carvalho *Presságio muito bom. Vida calma e tranqüila.*

Casa *Conforto doméstico.*

Cavalo *Amizade verdadeira.*

Caverna *Rumores.*

Chave –
muitas: *Prosperidade sem afeição.*
uma só: *Amor.*

Chuva *Dificuldades domésticas.*

Cisne *Felicidade e capacidade psíquica.*

Colina *Realização de ambições.*

Comer *Discórdia entre amigos.*

Coroa *Prêmios e honras.*

Corte no dedo *Dano recente.*

Coruja *Sabedoria.*

Cruz *Alegria e vitória a duras penas.*

Dança *Antecipação agradável.*

Dentes *Sinal de grandes mudanças, especialmente se extraídos ou prestes a cair.*

Diabo *Perigo e tentação à vista.*

Dinheiro *Presságio favorável, especialmente para os envolvidos em processos judiciais.*

Dragão *Mudança de residência.*

Elefante *Novos e influentes amigos.*

Escada *Sucesso.*

Escudo *Honra e fama.*

Espada *Situação desfavorável que pode afetá-lo negativamente.*

Esqueleto *Consolo de procedência inesperada.*

Estrada *Jornada da sua vida.*

Faca *Doença, perda de dinheiro ou discórdia com relações.*

Flores *Uma surpresa (ver páginas 80-81 para flores específicas).*

Floresta *Sombras e medos.*

Fogo *Dificuldades iminentes.*

Formigas *Prosperidade e expansão dos negócios.*

Frutas *Abundância.*

Gaiola –
cheia de pássaros: *Bons presságios.*
vazia: *Perda de oportunidade por negligência.*

Gelo *Fracasso nos negócios ou fim de um romance.*

Gigante *Presságio de muita sorte.*

Grama *Sucesso e fertilidade.*

Guerra *Paz e sucesso.*

Igreja –
dentro: *Dificuldade iminente.*
fora: *Bom presságio.*

Janela *Reconciliação depois de um desentendimento.*

Jardim *Casamento feliz.*

Lago *Conforto e liberdade.*

Leão *Poder.*

Livro *Descobertas.*

Lua *Felicidade no amor.*

Mar –
calmo: *Reconciliação entre dois amigos.*
revolto: *Distúrbios.*

Medalha *Timidez e fraqueza da sua parte.*

Mesa *Felicidade doméstica.*

Morte *Novas de um nascimento.*

Neve *Boas notícias e ganho.*

Ninho *Felicidade doméstica.*

Noz *Aviso de extravagâncias.*

Olhos *Amor verdadeiro antecipado.*

Ovos *Idéias inovadoras.*

Pais *Alegria.*

Parede *Obstáculos e perigos.*

Pedras *Visita de um parente.*

Peixe *Fertilidade.*

Pirâmide *Presságio de muita sorte.*

Pomba *Paz e prosperidade.*

Ponte *Indicação de mudança.*

Prisão *Liberdade.*

Punhal *Luta, inimizade.*

Quadros *Imagem de você mesmo.*

Rainha *Lucro e prosperidade como resultado de muito trabalho.*

Raio *Inspiração ou percepção espiritual.*

Rato *Inimigos secretos e poderosos.*

Rei *Ajuda de um amigo rico e influente.*

Relógio *Dependência.*
de parede: *Preocupações com os negócios.*

Rosto *Reflexo de você mesmo.*

Salto *Triunfo sobre obstáculos.*

Sangue *Trabalho árduo mas recompensador.*

Sol *Progresso e sucesso.*

Tigre *Presença de alguém com más intenções.*

Torre *Grandes ganhos ou grandes perdas.*

Túmulo *Saúde para os doentes.*

Uniforme *Viagem cheia de aventuras.*

Vale *Encontro com um velho amigo.*

Vespa *Inimigos invejosos.*

Véu *Revelação de um segredo.*

Viagem *Haverá uma viagem na vida real.*

Zoológico *Mudança vantajosa de emprego.*

Você Consegue Controlar os Sonhos?

Quando não sabe o que fazer com um problema, você pode resolver "dormir com ele". Essa frase é um bom exemplo de como a antiga sabedoria se infiltrou no linguajar comum. Sabe-se de longa data que a resposta a uma questão intricada pode surgir durante o sono. Uma variante disso é conhecida como sonho lúcido: quando isso acontece, você tem consciência plena de que está sonhando e pode deliberadamente alterar detalhes que ocorrem no sonho. Por exemplo, se está sonhando com um *rotweiler* violento, você poderia transformá-lo num *chihuahua* pacífico.

Os povos primitivos consideravam o sonho lúcido um caminho importante para o mundo do espírito. As pessoas que conseguiam chegar a esse estado de sonho eram em geral escolhidas como xamãs da tribo.

Os cientistas do laboratório do sono da Universidade de Stanford já apresentaram várias indicações de como e quando o sonho lúcido acontece. Quem sonha em geral fica lúcido no meio de um sonho. Talvez porque alguma coisa extraordinária acontece, a pessoa de repente reconhece que está sonhando. Outro fator desencadeador comum é voltar ao sono REM depois de acordar no meio de um episódio que está acontecendo num sonho muito forte. Sujeitos testados deram sinais previamente combinados (como fechar o punho) para indicar que estavam num sonho lúcido.

TRABALHOS COM SONHOS

O sono pode ser fonte de deslumbrante inspiração – muitas descobertas acontecem durante os sonhos.

- *Tartini, violinista na Itália do século XVIII, tinha a reputação de ter feito um pacto com Satanás; ele sonhou que foi visitado pelo diabo e tocou a peça "mais arrebatadora que qualquer coisa que ele já ouvira". Na manhã seguinte, ele compôs a complexa sonata do seu sonho e chamou-a de* O Trilo do Diabo.

- *Robert Louis Stevenson usava a técnica do sonho lúcido para literalmente "sonhar" suas instigantes histórias de aventuras.*

- *O poeta Coleridge dizia que o seu poema* Kubla Khan *era uma "visão num sonho".*

COMO DIRIGIR OS SEUS SONHOS

As pessoas diferem quanto à intensidade dos sonhos que têm e ao sucesso em redirecionar o enredo de um sonho. Exercitando-se, você pode aprender a técnica do sonho lúcido.

1 *Já de manhã, comece a planejar o sonho em detalhes dramáticos e instigantes.*

2 *Volte à história do seu sonho a intervalos freqüentes durante o dia e repasse os detalhes muitas vezes, até que toda a seqüência se fixe na sua consciência.*

3 *Logo antes de adormecer, relaxe e reproduza o sonho em sua mente. Diga a si mesmo com absoluta convicção que quer estar consciente durante o sonho.*

4 *Se isso lhe perturbar o sono, tente o seguinte. Logo que acordar pela manhã, e ainda meio sonolento, dê-se a sugestão de ter um sonho lúcido, e então volte a dormir.*

Informações de quem sabe SONHO LÚCIDO

Use-o para melhorar o humor e imprimir frenesi à aventura. *Uma das atividades mais comuns e divertidas num sonho lúcido é a de voar. A sensação de leveza, liberdade e prazer proporcionada é inesquecível. O sonho lúcido também pode ajudá-lo a dissipar pesadelos. Você redireciona o "enredo" do pesadelo de modo a enfrentar o horror e transformá-lo em algo inofensivo. Essa é uma boa maneira de vencer o medo e despertar a confiança.*

Se você tem dificuldade de tomar decisões, *o sonho lúcido pode ajudá-lo a visualizar o que um emprego, férias ou uma nova residência lhe reservam. Ele lhe dará condições de sentir como é trabalhar em algum lugar ou* estar num lugar diferente. Você reagirá a essas várias situações em seus sonhos – você está feliz, assustado, preocupado?

Os efeitos da visualização positiva sobre o corpo e a mente *são bem conhecidos. O sonho lúcido pode ser usado para superar o estresse, fobias, a dor da perda, e também para facilitar a cura física. Alguns entusiastas descobriram o potencial para ajudar vítimas de derrames cerebrais a recuperarem funções neuromusculares por meio de imagens do sonho lúcido em que "vêem" a si mesmos se mexendo, caminhando e falando normalmente.*

Viaje para Outros Mundos nos Sonhos

Os sensitivos podem ter consciência plena do corpo astral, a estrutura sutil invisível que serve de ponte entre o mundo físico e o mundo do espírito. No estado de vigília, o corpo astral se sobrepõe à forma física; entretanto, durante o sono, ele se solta e se separa três ou quatro centímetros do corpo físico.

Durante o sono, o corpo astral de uma pessoa viva é às vezes capaz de entrar no mundo do espírito – isso é chamado de sonho astral e parece tão "real" que se torna super-real. Aqui, você pode encontrar um ente querido que morreu; você tem uma sensação intensa de que ele está fisicamente presente. Você pode literalmente ouvir, ver, sentir cheiro e mesmo gosto durante o sonho. Ao acordar, você provavelmente se sentirá profundamente confortado e se lembrará da experiência com muita clareza.

Informações de quem sabe VIAGEM ASTRAL

Você pode encontrar outros seres – *as pessoas relatam encontros com mestres de sabedoria. Esses seres podem revelar os aspectos mais profundos da sua vida ou da sabedoria há muito esquecida.*

As coisas são sentidas de modo diferente *no plano astral; a energia segue o pensamento com velocidade fora do comum – basta pensar num lugar e você já está lá. E qualquer imagem que entre em sua mente se materializará instantaneamente.*

Essa experiência pode mudar a sua vida. *A sensação de estar fora do corpo lhe dá uma perspectiva abrangente, panorâmica – isso pode libertá-lo, tranqüilizá-lo e favorecê-lo com uma visão mais ampla. Uma visita aos mundos astrais durante o sono lhe dá uma boa idéia do que é o mundo do espírito e o convence da continuidade da vida.*

COMO FAZER VIAGENS ASTRAIS

1 *Depois de relaxar completamente (ver página 23), concentre-se com cautela no lugar aonde você quer ir e no que quer conseguir e por quê. Veja de estar num lugar seguro e chavear a porta. Também é bom proteger-se psiquicamente de qualquer experiência negativa, e para isso invoque um espírito-guia ou um guardião para que o acompanhe na sua jornada astral. Projete uma mensagem positiva pedindo o bem maior e superior. Peça com clareza e concisão.*

2 *Feche os olhos. Concentre-se num som repetitivo – um mantra, a batida rítmica de um tambor ou uma melodia. Relaxe, mas mantenha-se mentalmente alerta. Visualize um alçapão a certa distância e projete-se contra ele. Esse alçapão representa a porta pineal do terceiro olho.*

3 *Se conseguir passar, você estará rodeado de luz dourada e, se não cair num sono profundo, poderá sair do corpo físico com tanta facilidade como se estivesse saltando da cama. Você*

saberá que a sua mente está desperta e que o seu corpo ainda dorme.

4 *Uma vez no plano astral, simplesmente deixe-se levar para onde o espírito-guia o conduzir. Você precisará de algum tempo para ambientar-se, por isso aceite o que acontece.*

5 *Você voltará automaticamente ao estado normal quando se sentir pronto. Registre imediatamente as experiências da viagem no diário de sonhos.*

O Seu Animal de Estimação é Sensitivo?

Animais domésticos freqüentemente têm uma capacidade psíquica notável de antecipar os pensamentos, humores e ações do dono. O exemplo mais comum é o do cachorro que vai para a porta da frente um pouco antes que o dono chegue e fica sentado esperando, sacudindo o rabo. Isso acontece inclusive quando o dono altera propositalmente o horário de chegada para "testar" a PES do animal. Os gatos têm capacidades de previsão semelhantes, e muitos cavaleiros dizem que seus cavalos sabem quando eles estão se aproximando do estábulo. Também pássaros engaiolados muitas vezes voam agitados de um poleiro a outro pouco antes que o dono chegue em casa. O seu animalzinho de estimação pode ter habilidades semelhantes – veja o teste na página 75 para mais algumas informações. Além dos possíveis poderes psíquicos, sabe-se muito bem hoje que os animais domésticos também são benéficos para a saúde. Eles podem ser bons terapeutas. Pessoas que não conseguem falar com outras sobre os seus problemas quase nunca têm dificuldade em confiar num animal doméstico. Há muito conforto na atenção amorosa e isenta de julgamentos desses animais.

Quem tem um animal de estimação em geral goza de melhor saúde do que quem não tem. Sabe-se que pacientes cardíacos vivem mais tempo quando têm um animal doméstico, e testes mostraram que a pressão sangüínea desce a um nível saudável quando há um bichinho por perto. Cuidar de animais acalma o estresse, e o simples fato de estar com eles reduz a ansiedade. É por isso que os dentistas geralmente têm um aquário na sala de espera.

Jornadas incríveis

Hoje em dia, as famílias mudam de residência com freqüência. Quando isso acontece, algumas pessoas acham melhor deixar um animal de estimação com os vizinhos em vez de perturbá-lo levando-o para longe do seu território familiar. A maioria dos animais sossega, mas outros têm idéias diferentes e viajam centenas de quilômetros à procura do seu dono.

Isso aconteceu com um veterinário de Nova York que conseguiu um novo emprego na Califórnia, a 3.000 quilômetros de distância de onde morava. Ele resolveu dar o seu gato aos amigos e partiu para estabelecer-se profissionalmente na costa oeste. Seis meses depois, o seu gato entrou pela porta. Não havia como enganar-se com a identidade dessa criatura em particular; ele logo procurou uma pequena deformação na cauda do bichano – ela estava lá, como ele esperava. Ele havia tratado o ferimento (conseqüência de uma mordida) quando o gato ainda era muito pequeno.

Embora ninguém saiba realmente como os animais podem seguir as pegadas dos seus donos com tanta precisão, alguns parapsicólogos consideram essa capacidade uma forma de "visão remota" (ver página 54).

Avalie o PES do seu animal de estimação

❏ **1** O seu animal de estimação parece compreender os seus humores e sentimentos?

❏ **2** Quando você marca hora para levá-lo ao veterinário, ele desaparece?

❏ **3** Ele já passou horas olhando para uma parede, aparentemente observando alguma coisa invisível?

❏ **4** Ele uiva ou se esconde durante uma sessão ou outro evento psíquico?

❏ **5** Ele está sempre à porta para encontrá-lo, seja qual for a hora que você volte para casa?

❏ **6** Ele fica mais afetuoso quando você está de mau humor?

❏ **7** Quando alguém que ele conhece telefona, ele fica remexendo o telefone com o focinho?

❏ **8** Logo que você pensa em levar o cachorro para um passeio, ele fica agitado?

Se você respondeu "sim" para os números

1 6 7

O seu animal de estimação pode ter capacidades de cura.

2 5 8

Telepatia é a especialidade do seu animal de estimação.

3 4

Isso mostra que o seu animal de estimação é sensível à presença de espíritos.

RECURSOS PSÍQUICOS

3

Você Conseguiria Distinguir o Verdadeiro Amor?

Os astrólogos acreditam que os astros exercem uma forte influência sobre a sua vida. Essa visão tem relação com a compreensão do sensitivo de que toda matéria está interligada por uma energia unificadora. Se está à procura do verdadeiro amor, talvez você já saiba qual é o signo astrológico mais compatível com o seu. Como não há modo de se generalizar relacionamentos complexos em doze categorias de atração e compatibilidade, não abandone o zodíaco de todo. Ele pode se revelar um "casamenteiro" surpreendentemente adequado.

O seu mapa natal lhe fornece a chave: além de definir as suas próprias características, ele alumia as qualidades em outros que atraem e complementam as suas. O ditado popular, "os homens são de Marte e as mulheres são de Vênus" tem validade astrológica verdadeira; a posição desses planetas no seu mapa astral tem grande significado para a sua vida amorosa.

O PARCEIRO IDEAL

Marte e Vênus aparecem em signos específicos do zodíaco no mapa astral. Se você for mulher, veja a posição de Marte, e se for homem, veja a posição de Vênus. Consulte a tabela à direita para identificar as qualidades possíveis de se esperar num homem ou numa mulher de um signo em particular. Cada signo pertence a um dos quatro elementos: Terra, Fogo, Ar ou Água. Você se entenderá mais facilmente com os signos que tenham as mesmas influências energéticas, mas elementos opostos também podem ser harmoniosos. Signos de Ar e de Fogo se sentem à vontade um com o outro, assim como os de Terra e Água.

Signos de Terra

TOURO
Tátil, sensual, leal, descontraído, despreocupado, paciente, prático. Gosta de ser convidado e de se sentir aceito.

VIRGEM
Focalizado, habilidoso, inteligente, transparente, perceptivo, sincero. Gosta de ser ouvido, respeitado e que se confie nele.

CAPRICÓRNIO
Ambicioso, sensato, compreensivo, responsável, disciplinado. Precisa de respeito e de oportunidade para organizar.

Signos de Fogo

ÁRIES
Ativo, determinado, independente, condutor, expressivo, energético. Precisa de auto-expressão e independência.

LEÃO
Brincalhão, criativo, divertido, generoso, apaixonado. Precisa ser amado e valorizado.

SAGITÁRIO
Ousado, honesto, sagaz. Requer honestidade nos outros e benefícios de aventuras.

Signos de Ar

GÊMEOS
Intelectualmente curioso, comunicativo, leve, espontâneo, divertido, perspicaz. Precisa se comunicar e ser considerado interessante.

LIBRA
Atraente, diplomático, romântico, educado, atencioso. Quer romance e consideração zelosa.

AQUÁRIO
Instigante, diferente, rebelde, amigável, compassivo. Necessita da liberdade de ser ele mesmo.

Signos de Água

CÂNCER
Zeloso, carinhoso, amoroso, sensível, protetor. Implora afeto e precisa de tempo para ficar amuado.

ESCORPIÃO
Apaixonado, sensível, profundo, amoroso, leal, empático. Precisa ser profundamente expressivo em termos emocionais.

PEIXES
Confiável, intuitivo, sensível, mediúnico, pacífico, imaginativo. Em contrapartida, pede confiança e espaço.

Informações de quem sabe MAPAS ASTRAIS

O mapa de cada pessoa é único e fornece informações que nenhuma outra fonte pode oferecer. Embora seja de elaboração bastante fácil, apresenta muita dificuldade para interpretar as energias entremeadas complexas que o constitui. Mapas podem ser solicitados por correio ou pela Internet; você precisa saber o lugar, a data e a hora do nascimento.

Para avaliar a influência Vênus/Marte, você precisará encontrar a posição de Vênus ou de Marte no seu mapa astral (dependendo de se você é homem ou mulher). Depois, veja as palavras-chave sob o signo relevante para descobrir que qualidades você precisa procurar num parceiro. Pense nos seus relacionamentos importantes. Os parceiros com quem você viveu os seus momentos mais felizes revelavam um bom número dessas qualidades? As relações fracassadas ou difíceis não tinham as qualidades indicadas como necessárias para um bom relacionamento?

O signo ascendente é importante. Ele rege o modo como nos expressamos. Por isso, se você sabe quando o seu parceiro nasceu, verifique o signo ascendente dele, pois esse terá uma grande influência sobre ele.

A atração nem sempre é automática. Embora o signo ocupado por Vênus ou Marte seja um bom indicador para relacionamentos felizes, isso não significa necessariamente que as pessoas nascidas sob esse signo serão seu melhor parceiro. Isso simplesmente indica que as qualidades desse signo terão de estar presentes.

A Sabedoria do I Ching

O I Ching, um recurso psíquico profundo que vem sendo usado há mais de 3.000 anos, transmite a sabedoria celestial dos antigos espíritos do céu e da terra. Quanto mais usar o I Ching para o seu desenvolvimento intuitivo, mais você apreciará a profunda sutileza que o permeia. Você descobrirá que ele lhe inspira vislumbres singulares, não só sobre áreas complexas do autocrescimento, mas também sobre problemas do dia-a-dia.

As mensagens do I Ching são comunicadas através de 64 hexagramas, configurações que compõem todo um sistema de pensamento baseado no conceito chinês de yin e yang. Ele ensina que o objetivo da vida é alcançar e manter o equilíbrio. Yin e yang representam os princípios essenciais do masculino e do feminino: a energia masculina ou ativa de yang inspira-o a ter uma idéia, a impor a sua vontade e a entrar em ação; a energia feminina receptiva de yin o induz a seguir com o fluxo e a adaptar-se aos acontecimentos.

COMO ELABORAR OS SEUS HEXAGRAMAS

Use o método descrito a seguir para elaborar a sua figura de seis linhas; depois, interprete o significado correspondente.

1 *Formule uma pergunta com clareza em sua mente. Se não está contente com o trabalho, por exemplo, você pode querer saber se está no emprego certo ou se uma outra atividade o faria mais feliz. Pense nisso enquanto se senta a uma mesa ou a outra superfície plana com um caderno e lápis à mão.*

2 *Escolha três moedas do mesmo tamanho e forma com caras e coroas bem definidas. As caras representam yang, ou a linha contínua (___); as coroas simbolizam yin, ou a linha interrompida (__ __).*

3 *Concentre-se na pergunta e jogue as moedas sobre a mesa seis vezes consecutivas. Uma maioria de caras forma uma linha yang; uma maioria de coroas, uma linha yin.*

4 *Anote cada linha, começando de baixo para cima. Repita o procedimento até formar um conjunto de seis linhas. Esse é o seu hexagrama – a resposta do I Ching ao seu problema.*

5 *Identifique o seu hexagrama e o significado correspondente na lista nas páginas seguintes. Anote as perguntas e respostas no diário psíquico.*

6 *Se você perguntou se devia mudar de emprego e obteve 63 Passando a Vau ou 5 Cautela, a primeira seria afirmativa, a segunda negativa. Outras respostas, como 50 O Caldeirão podem ser menos imediatamente óbvias. Use a intuição para relacionar o sentido dado com os seus pensamentos e instintos.*

1 Ação criativa *Você se defronta com muitos obstáculos – é hora de agir. Use a persuasão, não a força.*

2 Seguindo com o fluxo *Junte-se aos outros, mas não fuja às responsabilidades. Calmamente, aceite e cultive todas as coisas e ajude-as a crescer.*

3 Gestação *Deixe as questões evoluírem. O caos precede um novo empreendimento. Novas idéias começam a se formar.*

4 Crescimento *A sua compreensão está embotada e obscurecida por suas loucuras juvenis. Espere e aprenda.*

5 Cautela *Tempo para esperar – pode haver perigo à frente. Vá devagar, especialmente no amor. Aguarde o tempo certo.*

6 Conflito *Esse não é um período harmonioso; está cheio de pessoas e idéias contrárias. Se necessário, chegue a um acordo.*

7 Disciplina *Período para pôr as coisas em ordem. Procure pessoas que tenham experiência e autoridade.*

8 Aliança *Apoio mútuo. Abandone velhas idéias e encontre novas formas de organizar os seus assuntos. A mudança deve chegar.*

9 Acumulação gradual *Adapte-se ao que vier. Pense nos resultados de longo prazo. Seja flexível e adaptável.*

10 Trilhando *Encontre e siga o seu próprio caminho. Persevere nos seus esforços para criar uma mudança profunda.*

11 Impregnando *Grande abundância e harmonia. Conserve-se resoluto interiormente e adaptável com outros. A paz está à mão.*

12 Obstrução *Comunicações bloqueadas e obstáculos. Estagnação. Uma situação sem saída e um período de isolamento. Não é culpa sua.*

13 Harmonia *Vida comunitária com causas comuns ou interesses partilhados com quem tem suas capacidades e esforços integrados.*

14 Abundância *Você dispõe de grande poder para chegar ao sucesso. Reúna a sua força interior para criar alegria.*

15 Humildade *Abandone o orgulho e a arrogância. Seja simples em palavras e obras. Assumir posições inferiores trará sucesso.*

16 Alerta *Esteja pronto para responder. Acumule forças e recursos para preparar-se para tudo o que o futuro trouxer.*

17 Seguir *Siga com o fluxo. Deixe-se conduzir pelo fluir da vida. Tudo tem o seu tempo.*

18 Corrupção *Degeneração e veneno oculto. Desleixo, indolência e fraqueza devem ser combatidos. Prepare-se cuidadosamente para mudanças.*

19 Chegada do novo *Situação que está evoluindo e avançando. Possível promoção ou melhora.*

20 Vigilância *Veja as verdadeiras motivações do outro e mostre-lhe as suas. Contemple – deixe que tudo apareça.*

21 Morder *Enfrente os problemas. Seja persistente – saiba que tomou a decisão certa e agarre-se a ela.*

22 Graça *Mostre o seu verdadeiro eu. Formas externas são efêmeras e ilusórias.*

23 Desintegração *Abandone velhas idéias e elimine o que é inútil. Período inevitável de colapso, infortúnio e destruição.*

24 Retorno *Renovação, renascimento e novas esperanças. Agite as coisas e trabalhe com essa energia. Uma nova era está começando.*

25 Inocência *Desembarace-se, seja espontâneo, livre de motivos escusos. Confie no seu instinto e siga a sua consciência.*

26 Poder do grande *Volte-se para idéias superiores – este é um tempo para grandes esforços e conquistas. Aprenda através da experiência.*

27 Alimento *Alimente tanto o corpo terreno como o espiritual para um bem-estar total.*

28 Excesso *Persista nos seus ideais. Um plano trará proveito e inspiração. Não tema agir sozinho.*

29 Abismo *Perigo inevitável. Mergulhe e encare os seus medos. Este é o tempo de se concentrar e correr riscos.*

30 Radiação *Luz, calor e consciência esparsa. Combine altos valores, princípios nobres e inteligência, lógica e boas idéias.*

31 Aglutinação *Estimulação e encorajamento. Bom período para casar. Aceite e submeta-se ao feminino – yin origina nascimento e renovação.*

32 Perseverança *Persistência é o modo de formar um caráter firme. Aja a longo prazo para alcançar objetivos.*

33 A retirada *Distancie-se e oculte-se. Trate da situação a distância – as circunstâncias próximas não são favoráveis.*

34 Força *O poder deve ser estabelecido com calma e moderação. Renuncie à violência.*

35 Progresso *Progresso numa situação em mudança. Tenha uma nova visão de si mesmo.*

36 Brilho oculto *Proteja-se e aceite uma tarefa difícil. Os conflitos precisam ser enfrentados mesmo que você não consiga resolvê-los.*

37 Família *Sustente e apóie a família – isso trará iluminação. Use linguagem clara para relacionar-se com os parentes.*

38 Discórdia *Esforce-se para eliminar o conflito. Evite pessoas e situações que colidem e se opõem.*

39 Dificuldades *Encare os obstáculos – eles indicarão o rumo a seguir para que você possa avançar sem dificuldades.*

40 Liberação *Resolva uma dificuldade desembaraçando um problema por vez. Isso trará alívio e tranqüilidade.*

41 Diminuição *Algo será revelado mostrando a necessidade de sacrifício. Acalme as coisas e mostre restrição e moderação.*

42 Aumento *Uma situação recompensadora transbordando de abundância e possibilidades. Aumente sem limites.*

43 Irromper *Enfrente a desordem com rapidez e determinação e ao mesmo tempo controlando as paixões. Seja firme, flexível e bondoso.*

44 Acasalamento *A influência de abertura de yin. Intercurso sexual e casamento. Para união verdadeira, respeite normas e princípios sociais.*

45 Agrupamento *Um grande número de pessoas pode trabalhar em conjunto com o mesmo objetivo e motivação, mas elas precisam ser organizadas.*

46 Ascensão *Eleve-se a um nível superior por seus próprios esforços. Acumule pequenas coisas para obter as grandes.*

47 Opressão *Você está isolado – este é um momento de verdade. Volte-se para si mesmo e ache um meio de abrir-se à comunicação.*

48 O poço *Relacione-se com outros. Uma situação de recursos potencialmente inexauríveis e de possibilidades está aberta a todos.*

49 Renovação *Outra camada ou fachada é removida como parte de um processo natural. Para melhoras, a revolução precisa acontecer.*

50 O caldeirão *Descubra as suas qualidades interiores e o modo correto de usá-las para a transformação espiritual e material. Use o livre-arbítrio.*

51 Comoção *Acorde! Comece tudo de novo – a primavera chegou. Haverá tempestades, mas elas purificarão o ar e possibilitarão novos começos.*

52 Quietude *A calma da montanha. Procure estabilidade abandonando desejos, medos, especulações e fantasias.*

53 Progresso gradual *O progresso deve ser lento, por isso aprenda a avançar passo a passo, sem angústias.*

54 A jovem que se transforma *Realize o seu potencial oculto para a paixão ou o desejo. Casamento de uma irmã mais nova ou filha.*

55 Abundância *Um tempo de afluência, profusão e generosidade. Use essa vantagem com moderação para que dure.*

56 Exílio *Vagueando longe de casa. Uma situação inquieta é incerta, mas pode também haver um potencial maravilhoso.*

57 O penetrar suave *Seja elástico e flexível. Deixe-se moldar pelos acontecimentos. Não imponha a sua vontade, mas também não perca de vista o seu objetivo.*

58 Alegria *Bom humor e uma atitude positiva dão prazer à vida. Seja simpático com todos pela comunicação e auto-expressão.*

59 Dispersão *Prepare-se. Este é o momento de começar um novo projeto ou criar uma empresa – mas conserve as coisas fluindo.*

60 Limitação *Aprenda a trilhar o caminho do meio para dar à sua vida uma forma comedida. Jogue pelas regras agora.*

61 O centro *Este é o poder de um coração livre, sem preconceitos ou julgamentos. A verdade interior está sempre dentro – apenas ouça.*

62 Pequena escala *Período de transição sutil resultando no triunfo da alma. O que quer que o momento o force a fazer está certo por enquanto.*

63 Passando a vau *Tudo está pronto para que você prossiga. Esteja sempre alerta e preste atenção ao detalhe para evitar erros.*

64 Não passando a vau *Mudança importante é iminente – reúna a sua energia para o momento oportuno. Seja objetivo e não se deixe cegar pelo entusiasmo.*

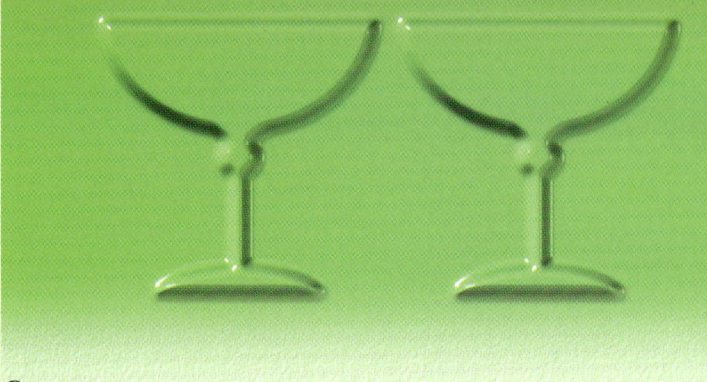

A Leitura do Tarô

O baralho de tarô revela um mundo em miniatura, misterioso, repleto de símbolos prodigiosos com significados altamente expressivos. O leitor dispõe as cartas de acordo com diferentes combinações para perscrutar o passado, o presente e o futuro. Um baralho de tarô se compõe de 78 cartas, 56 das quais formam os arcanos menores; essas são semelhantes a cartas comuns e organizadas em quatro naipes com figuras. As outras 22 cartas formam os arcanos maiores; elas representam imagens arquetípicas que simbolizam as várias etapas do desenvolvimento espiritual.

Se quiser obter o melhor do tarô, proponha-se a examinar diversos baralhos e deixe que a sua intuição lhe diga o que mais lhe convém. Há também muitos livros de referência com "interpretações" das cartas – novamente, você descobrirá aqueles que melhor proveito lhe trouxerem (o que não é surpresa, pois os símbolos do tarô fazem parte do inconsciente coletivo, ver página 64). Mas siga os próprios palpites, mesmo que contradigam a sabedoria recebida; esse é um exemplo da sua intuição em ação.

AS CARTAS DOS ARCANOS MENORES

Esteja você lendo para si mesmo ou para outros, a pessoa que pergunta é chamada de "consulente". Dedique bastante tempo ao estudo das cartas e da rede de associações que formam. Medite sobre cada uma delas e use-as em arranjos simples inicialmente (ver à direita). Deixe que a interação entre as imagens inspire a sua intuição enquanto você elabora a sua interpretação. Mas não use o tarô quando estiver perturbado ou traumatizado – é quase certo que as suas vibrações negativas o induzirão a uma leitura incorreta.

Copas

ASSUNTO	*Emoções e questões amorosas*
TEMPO	*Primavera/dias*
ELEMENTO	*Água*

REI, RAINHA, CAVALEIRO E PAGEM DE COPAS

Essas cartas representam uma pessoa loura, afetuosa, cheia de boas intenções. Pode ser o homem ou a mulher que o consulente ama.

SIGNOS ASTROLÓGICOS

Câncer, Escorpião, Peixes.

Espadas

ASSUNTO	*Doença ou dificuldades*
TEMPO	*Verão/meses*
ELEMENTO	*Ar*

REI, RAINHA, CAVALEIRO E PAGEM DE ESPADAS

Essas indicam uma pessoa de cor morena com poder sobre as pessoas – possivelmente uma pessoa manipuladora nem sempre honesta.

SIGNOS ASTROLÓGICOS

Gêmeos, Libra, Aquário

Paus

ASSUNTO	*Família e negócios*
TEMPO	*Outono/semanas*
ELEMENTO	*Fogo*

REI, RAINHA, CAVALEIRO E PAGEM DE PAUS

Se você escolhe uma dessas cartas, ela simboliza uma pessoa loura, amistosa, simpática e centrada na família que pode ajudá-lo.

SIGNOS ASTROLÓGICOS

Áries, Leão, Sagitário

Pentáculos

ASSUNTO	*Dinheiro e questões materiais*
TEMPO	*Inverno/anos*
ELEMENTO	*Terra*

REI, RAINHA, CAVALEIRO E PAGEM DE PENTÁCULOS

Pode indicar uma pessoa rica com cabelos e olhos amorenados que pode ajudar o consulente materialmente.

SIGNOS ASTROLÓGICOS

Touro, Virgem, Capricórnio

UMA DISPOSIÇÃO SIMPLES DAS CARTAS

1 *Use somente as cartas dos arcanos menores e escolha uma figura que combine com o consulente. Por exemplo, uma mulher loira de um signo de água escolheria a Rainha de Copas. Essa carta é o significador, o centro do arranjo.*

2 *O consulente embaralha as cartas durante alguns momentos e em seguida as corta com a mão esquerda. Sete cartas são distribuídas da esquerda para a direita, com a quarta carta em cima do significador.*

3 *As primeiras três cartas se referem ao passado; a quarta, sobreposta ao significador, se refere às circunstâncias presentes; as três últimas indicam o resultado e possibilidades futuras.*

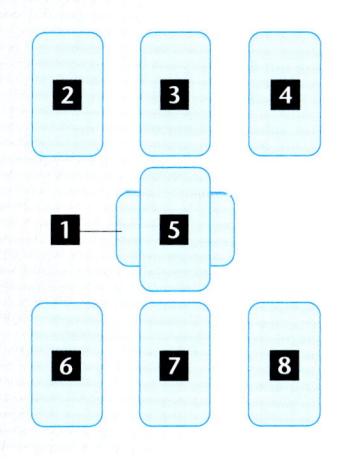

O passo seguinte no uso do tarô é incluir as 22 cartas dos arcanos maiores. Acredita-se que essas cartas contenham um poderoso código de sabedoria oculta de mais de 3.000 anos, pertencente ao tempo dos rituais sagrados dos antigos sacerdotes egípcios. As imagens dos arcanos maiores são "arquétipos" (ver página 64), e o ajudam a conectar-se com o sentido mais profundo que está por trás dos acontecimentos e das pessoas da sua vida.

0 O Louco
Dê atenção a tudo: tudo tem sentido e todos são seus guias.

1 O Mago
Este lhe lembra que os pensamentos têm poder. Monitore as suas idéias e pense positivamente.

2 A Grã-Sacerdotisa
A natureza da vida é a mudança: aceite esse fato e confie em sua intuição. Não tema segredos ocultos.

3 A Imperatriz
A mulher arquetípica – que a compreensão dela o estabilize e guie. Observe seus aspectos femininos. Eles estão bem equilibrados?

4 O Imperador
O homem de autoridade, força, coragem e determinação. Examine seus aspectos masculinos e equilibre-os com o seu lado feminino.

5 O Hierofante ou Papa
Ouça a sua voz interior para receber inspiração divina, sabedoria e verdade.

6 Os Amantes
Você está ligado às forças inspiradoras e espirituais do amor.

7 O Carro
Tome as rédeas da sua vida e controle a direção.

8 A Justiça
A lei de causa e efeito é eterna – ninguém está eximido.

9 O Eremita
Depois de um período de recolhimento para contemplar a iluminação interior, a compreensão e a verdade devem ser partilhadas com outros.

10 A Roda
Sem movimento, a vida estagna. Abandone o passado e olhe para o futuro: tudo faz parte de um processo de aprendizado sem fim.

PEÇA SEU ARQUÉTIPO
Se você está perturbado, embaralhe as cartas dos arcanos maiores, pedindo silenciosamente o arquétipo que o ajudará. Quando as cartas estiverem quentes em suas mãos, corte-as em duas pilhas. Retire a carta de cima da pilha menor. Medite sobre essa imagem; deixe-a entrar em você cheia de vida, trazendo-lhe intuição, sabedoria e calma.

11 A Força

Ninguém tem dificuldades acima das suas forças. As tribulações formam músculos espirituais.

12 O Enforcado

O seu sacrifício é realmente necessário ou é simplesmente uma desculpa para não assumir a responsabilidade por sua vida? Tenha coragem e siga a sua verdade interior.

13 A Morte

Na morte há também nascimento. E nos níveis superiores não há morte, somente movimento e mudança.

14 A Temperança

Sabedoria e moderação são necessárias. As águas correntes curativas do tempo o nutrirão, preenchendo as suas deficiências.

15 O Diabo

Em vez de ouvir a voz suave e silenciosa do amor, você ouve a voz do medo. Fite o diabo nos olhos. Só então ele desaparecerá.

16 A Torre

Um raio cintilante revela os problemas que você vem ignorando. Procure uma existência mais equilibrada e saudável.

17 A Estrela

A vida é exigente e lhe dará as lições que você precisa em termos inequívocos. A iluminação é o resultado, mas a esperança está sempre presente.

18 A Lua

Só um tolo diria que nunca está errado. Conheça e perdoe-se como você realmente é, e prossiga.

19 O Sol

O verdadeiro sucesso decorre da aplicação. Tudo no plano material é transitório – só o seu ser interior é imortal.

20 O Julgamento

Como a fênix que renasce das cinzas, você emergirá triunfante.

21 O Mundo

Quando todas as energias estão alinhadas, tudo é possível. Ao mesmo tempo, você compreende que todas as suas necessidades são satisfeitas e não lhe falta nada.

O modo mais simples de ler as cartas é prestar atenção aos seus significados superficiais – procure perguntar o que os símbolos lhe sugerem. Ou, então, você pode estudar a disposição das cartas e ver como a ação pode se desenvolver – o que vai acontecer ao longo do próximo ano. Por último, ao examinar um arranjo você começa a se dar conta de vislumbres nunca antes percebidos – de repente, você entende que a sua vida seguiu um determinado padrão – você nunca teve um relacionamento satisfatório com ninguém e agora pode ver por quê.

À medida que a sua confiança aumenta, você deve desenvolver um senso de ligação psíquica dinâmica com as cartas e começa a arriscar arranjos mais complexos. A Cruz Céltica (ver à direita) é um bom exemplo. Se você sente uma empatia natural pelo tarô, use-o. Um recurso psíquico que ressoa harmoniosamente com a sua intuição e imaginação é imensamente proveitoso em todas as áreas da vida – desde relacionamentos emocionais até interesses profissionais e de repouso.

Como aprimorar as suas habilidades de leitura do tarô

O "consulente" é a pessoa que procura respostas – quer você esteja lendo para si mesmo ou para outra pessoa, estude cada carta e analise as suas respostas e impressões.

Se a maioria das cartas é dos arcanos maiores, forças externas poderosas podem estar em ação.

Se várias figuras aparecem, isso sugere que muitas pessoas estão envolvidas.

Se a décima carta é uma figura, o resultado dependerá da influência de terceiros.

Se você sente que a última carta não faz sentido, retire-a e refaça todo o processo, usando essa carta como significador.

Use a carta resultado em suas meditações e reflexões, especialmente antes de adormecer, e peça que suas dúvidas sejam esclarecidas.

Se tirar a carta dos arcanos maiores "A Lua" na primeira posição, guarde as cartas – você não conseguirá uma distribuição adequada nesse momento. Tente novamente em 24-48 horas.

A CRUZ CÉLTICA

Este é um método excelente para pensar sobre uma situação embaraçosa, como a que poderia dizer respeito a uma reação sua a uma crise no emprego ou num relacionamento pessoal.

1 *Escolha um significador (carta 1) que o represente como consulente (ver páginas 84-85) e coloque-a como indicado abaixo.*

2 *Embaralhe as cartas até senti-las quentes nas mãos. Corte com a mão esquerda e disponha-as como mostra o diagrama.*

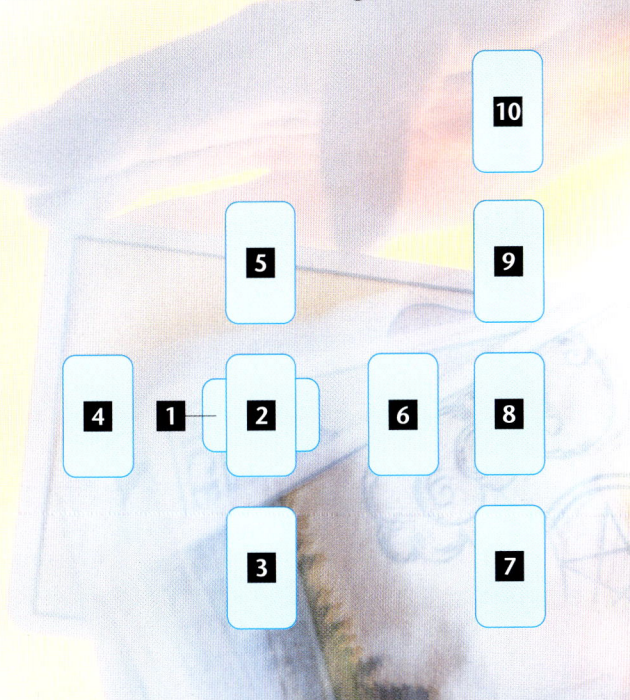

1 *Essa cobre o consulente e se refere à situação geral e influências.*

2 *Essa cruza o consulente, advertindo sobre forças opostas, sejam elas positivas ou negativas.*

3 *Essa está abaixo do consulente; é a base da questão, mostrando algo que pode ter vindo à luz.*

4 *Essa está atrás do consulente, apontando para o que acabou de acontecer ou que está começando a acontecer.*

5 *Essa coroa o consulente, representando uma possível influência que pode ou não se concretizar.*

6 *Essa está na frente do consulente, revelando as influências que estarão operando no futuro próximo.*

7 *Trata dos medos e dos sentimentos negativos em torno da situação.*

8 *Expõe as opiniões e influências de amigos e da família.*

9 *Revela as esperanças e idéias do consulente sobre o assunto.*

10 *Sugere um resultado possível, decorrente da influência das outras cartas.*

O Desenvolvimento da Clarividência

Se você já consultou um clarividente tradicional, ele pode ter descrito várias imagens que via numa bola de cristal. Esse objeto brilhante é a ferramenta do vidente profissional ou do cristalomante – nomes antigos para um clarividente – uma pessoa que "vê claramente". A arte psíquica de ver imagens de eventos passados, presentes e futuros pode ser também sua; aprendê-la lhe dá uma capacidade perceptiva especial do que está acontecendo em seu mundo e um quadro de como os acontecimentos se desdobrarão para você e para outras pessoas.

Se você quer desenvolver habilidades clarividentes, não é preciso passar pelas dificuldades e despesas de comprar uma bola de cristal. As pessoas vêm praticando a cristalomancia há milhares de anos usando todo tipo de superfícies refletoras, inclusive porções escuras de água ou tinta, mármores brancos ou coloridos, pedaços de carvão, azeviche ou ônix, metal polido – na verdade, praticamente tudo o que ajuda a concentrar e a entrar em sintonia com a visão psíquica. Sabe-se que o cristal de quartzo puro intensifica as energias psíquicas e é um recurso psíquico especialmente eficaz.

Ver através de materiais refletores exige muita paciência e um nível preciso de relaxamento. A superfície que você usa age como uma porta para o tempo e o espaço, e fitá-la produz um leve transe hipnótico. Este lhe dá condições de "ver" as informações que chegam sob a forma de imagens, símbolos, cartas, impressões e sensações, que em geral aparecem como resposta a uma pergunta feita por você ou por outra pessoa.

Orientações para clareza

O símbolo que você vê pode significar coisas diferentes, dependendo das circunstâncias. Um gato pode significar boa sorte numa situação (você será bem-sucedido depois de passar por dificuldades) e ser uma advertência em outra (você está pensando sobre alguém que pode ou não ser um amigo). Acumulando experiência, registrando as suas visões e o que acontece, você aprenderá a relacionar a sua intuição com uma mente observadora e aberta.

O seu caráter e as questões que o interessam afetarão intensamente o significado de qualquer imagem. Por exemplo, pode aparecer o símbolo de uma balança. Isso pode significar que você está envolvido em algum tipo de processo judicial. Por outro lado, se você está fazendo uma pesquisa, essa imagem pode se referir à sua avaliação dos dados. Se fizer uma pergunta sobre assuntos espirituais, a balança pode representar a justiça divina.

COMO USAR UM RECURSO REFLETOR

1 *Trabalhe num espaço sobriamente iluminado e sente-se de costas para a fonte da luz. Quando aplicar esta técnica para outra pessoa, ela deve sentar-se a pelo menos um metro de você.*

2 *Se o seu recurso for transparente, coloque-o sobre uma pequena peça de veludo ou outro tecido escuro, para focalizar a visão.*

3 *Relaxe profundamente, mantenha-se em silêncio total e concentre o olhar diretamente no âmago da superfície que está usando. Se nada acontecer na primeira vez, dê uma parada. Tente novamente a curtos intervalos de até vinte minutos.*

4 *Você saberá quando imagens começarem a se formar – a superfície interior pára de refletir imagens externas. Ela*

assume um colorido lácteo e este rapidamente se torna negro. Nesse ponto, as formas emergem.

5 *Dois tipos de imagens aparecem, e você precisará usar a intuição para interpretá-las. As que têm mensagens diretas revelam uma cena ou incidente que acontece na sua frente, como se você estivesse vendo um filme. Essas representam acontecimentos reais, passados, presentes ou futuros. Inicialmente, será difícil determinar em que escala de tempo as imagens mostradas estão acontecendo, mas confie nos seus pressentimentos. Com a prática, você se tornará habilidoso.*

6 *Outras imagens são indiretas ou simbólicas. Elas são semelhantes às imagens dos sonhos, e você pode usar os símbolos oníricos como referência (ver página 68). Novamente, prática e dedicação lhe proporcionarão a confiança necessária para interpretá-las com precisão.*

O Que Você Vê nas Folhas de Chá?

Se você não tentou adivinhar antes, o simples ato de tomar uma xícara de chá pode trazer-lhe revelações surpreendentes. Você não precisa ter nenhuma habilidade psíquica específica para isso – quem quer que tenha paciência para estudar os símbolos e os seus significados pode se tornar perito. Mas como acontece com qualquer método de adivinhação, você não deve usar este com muita

freqüência – leia as folhas uma ou duas vezes por semana, no máximo. Alguns símbolos se revelarão imediatamente; quanto maior o símbolo, mais importante e revelador ele será.

AS ÁREAS DA XÍCARA

As "regiões" da xícara são como um mapa psíquico para o consulente. As imagens criadas pelas folhas são interpretadas de acordo com o local onde elas se formam.

Lado oposto ao cabo
Refere-se ao trabalho e aos negócios.

Laterais e fundo da xícara
Representam escalas de tempo: se um símbolo está perto da beira, ele se refere a algo que acontecerá em breve. Imagens nos lados da xícara não são tão imediatas em seu impacto e as que estão no fundo representam eventos num futuro distante.

Cabo *Essa área representa você, a sua casa e a sua família.*

O RITUAL DO CHÁ

93

Para uma leitura boa e clara, compre um chá de folhas grandes – chá-da-índia é o ideal, mas outras variedades orientais também são apropriadas.

 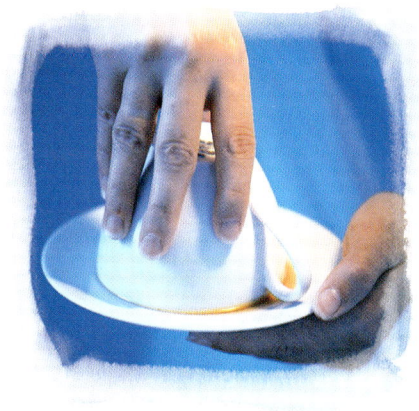 

1 *Coloque algumas folhas (o equivalente a uma colher das de sopa) num bule e cubra-as com água fervente. Sirva o chá numa xícara com pires – use uma xícara branca lisa ou levemente colorida com boca grande.*

2 *Beba o chá, deixando uma sobra equivalente a uma colher das de chá.*

3 *Segure a xícara com a mão esquerda e gire o conteúdo três vezes num*

movimento circular no sentido anti-horário. Ao fazer isso, concentre-se na sua pergunta. Seja bem específico se quer bons resultados.

4 *Vire a xícara no pires e deixe-a na posição por um minuto pelo menos, até que o líquido escorra bem.*

5 *Vire a xícara para cima e examine-a como descrito na página oposta.*

Devo mudar de casa agora?

Foi assim que as folhas responderam à pergunta. A forma de morcego no alto da xícara, acima do cabo, cobre a área relacionada com a casa. Um morcego pode parecer agourento, mas pode significar que os seus medos do desconhecido se dissiparão na luz do dia. Uma figura feminina na fundo segura uma vassoura. Isso poderia indicar um novo começo.

Símbolos positivos

Bolota, amuleto, âncora, anjo, arca, abelhas, pássaros, bota, ponte, touro, círculo, trevo, trigo, vaca, coroa, pomba, pato, águia, elefante, figa, peixe, flores, ferradura, navio, cisne.

Símbolos negativos

Jacaré, arco, flecha, morcego, bandeira negra, caixão, cruz, punhal, tambor, ampulheta, macaco, camundongo, rato, gadanha, esqueleto, quadrado, estaca, espada, destroços.

O Que Lhe Dizem as Mãos de uma Pessoa?

Leitores da mão com treinamento clássico estudam as linhas, formas e marcas nas mãos com minúcia notável. Você pode não ser um especialista nesse sentido, mas certamente pode usar as suas capacidades psíquicas para "ler" mãos. Quando uma pessoa põe as mãos dela nas suas, dedique bastante tempo para entrar em sintonia psíquica com a energia específica que você sente. Essa será a sua principal fonte de inspiração sobre essa pessoa. Todas as configurações e linhas que você veja atuam como pontos de convergência, ativadores da sua intuição, mais do que como uma matriz.

Esquerda ou Direita?

Há duas principais correntes sobre o significado das mãos esquerda e direita. A visão tradicional é que a mão passiva (a esquerda para a pessoa destra e a direita para quem é canhoto) é um perfil em miniatura do caráter e potencial inatos. Acredita-se que as características dessa mão permanecem constantes ao longo dos anos, ao passo que as linhas na mão dominante mudam e evoluem para revelar o que foi obtido com determinada aptidão ingênita.

Quiromantes modernos dizem que as linhas em ambas as mãos mudam e que as mãos estão conectadas com os lados direito e esquerdo do cérebro, o que produz as mudanças. A mão direita revela habilidades de raciocínio analítico e lógico; a esquerda reflete aspectos emocionais, intuitivos e criativos.

Novamente, a sua intuição é o seu melhor aliado aqui; qualquer que seja a mão que você leia, ouça as mensagens psíquicas que você capta e confie nelas.

QUAL É A FORMA DA SUA MÃO?

Uma rápida olhada na forma das mãos de uma pessoa pode dizer-lhe muita coisa. Há sete tipos principais – você consegue perceber qual é o seu?

Quadrada
As pontas dos dedos são achatadas e a palma é tão longa quanto larga.

Você é uma pessoa objetiva e firme que colhe os benefícios dos próprios esforços.

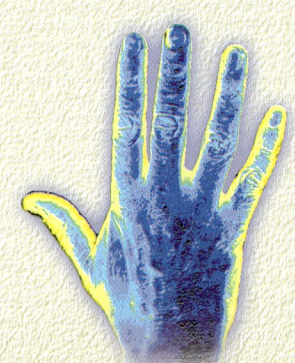

Espatulada ou ativa
Dedos grossos com pontas achatadas, sendo curtos em comparação com a palma.

Você é corajoso e ousado, um pioneiro destemido que procura melhorar a situação dos outros.

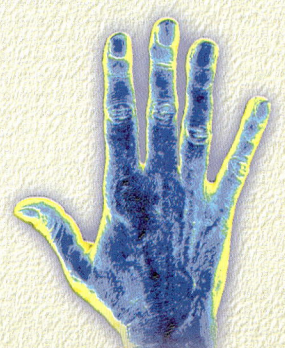

Cônica ou temperamental
Dedos afilados, ligeiramente mais curtos que a palma.

Impetuoso e impulsivo, seu humor se altera rapidamente – você se deprime com coisas insignificantes.

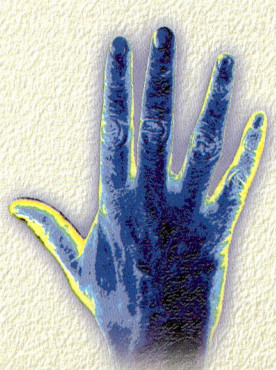

LINHAS PRINCIPAIS

As linhas do coração, da cabeça, do destino e da vida são os indicadores mais importantes. Linhas fortes e ininterruptas denotam aspectos positivos.

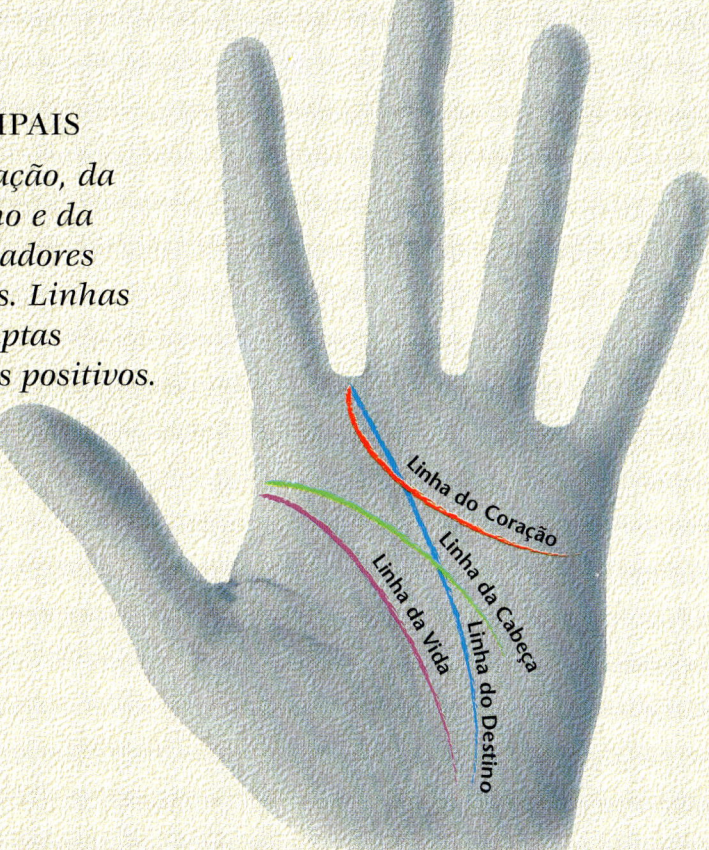

Linha do Coração
Linha da Cabeça
Linha da Vida
Linha do Destino

MARCAS PRINCIPAIS

Qualquer uma das marcas abaixo pode ocorrer ao longo das linhas principais. Preste atenção a elas, embora possam se referir a um período de tempo apenas e tendam a aparecer e desaparecer.

Cruzes *Choque e preocupações*

Quadrados *Restrição*

Triângulos *Talento*

Estrela *Sorte com dinheiro*

Grelhas e grades *Doença*

Ilhas *Tribulações*

Correntes *Uma linha cheia de correntes revela confusão*

Pontos inespecíficos e cavados *Geralmente ocorrem no fim de uma linha e indicam doença ou debilidade – em geral temporária*

Nodosa ou Filosófica
Dedos pequenos e desiguais combinados com uma palma longa e fina.

Você é um intelectual que adora analisar com lógica e método.

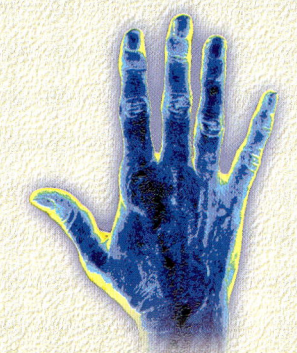

Pontuda ou idealista
Dedos muito longos, delicados e afilados, com uma palma longa e fina.

Amante da arte e da beleza, você é um idealista, mas pouco prático.

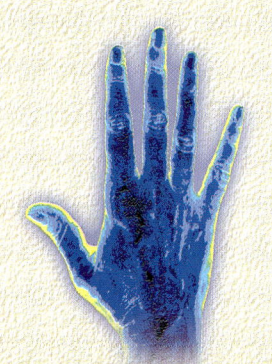

Elementar
Dedos e palma curtos e largos

Você é prático, não-intelectual. Em circunstâncias excepcionais, você pode ser um grande líder.

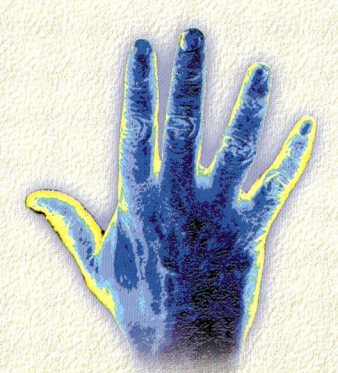

Mista
Dedos e palma do mesmo comprimento.

Adaptável e versátil, você é um faz-tudo, podendo ser um inventor de mão-cheia.

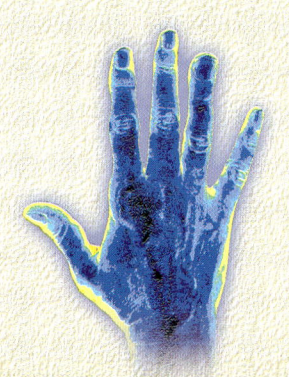

O Que Você Aprende das Runas?

Diz-se que os que têm o dom da magia das runas conseguem seus poderes de Odin, o deus monóculo do oculto. Se sentir que tem afinidade psíquica com este oráculo escandinavo, você poderá tirar grande proveito das forças misteriosas que o animam. Você pode meditar sobre uma única runa ao pensar na resposta a um problema, como "Este é um bom momento para romper com meu parceiro atual?" Você pode ter mais informações, porém, jogando várias runas e analisando o modo como se relacionam. Elas podem indicar a direção que você precisa seguir para alcançar o seu objetivo – quando sugerir e como conduzir uma separação da maneira menos dolorosa possível, por exemplo.

Runas de pedra ou madeira entalhada são encontradas facilmente no mercado. Para fazer o seu próprio jogo, obtenha 25 pedrinhas achatadas de uns 2-3 cm. Use uma caneta de marcar, tinta ou um esmalte de unha para desenhar os símbolos mostrados abaixo. Reserve bastante tempo para meditar sobre o significado de cada runa enquanto a desenha; assim você reforçará a energia presente nas pedras. Conserve as runas numa bolsa de tecido folgada que feche com cadarço embutido. As vibrações das runas se tornam mais poderosas cada vez que você as usa.

O Eu
A retificação antecede o progresso. Tempo de mudança e crescimento.

Parceria, um presente
A verdadeira união só ocorre quando ambas as partes são fortes.

O Mensageiro
Observe o que o cerca. Tudo tem sentido para o autocrescimento.

Retirada, herança
Você ganha abandonando o passado. É exigida submissão.

Força *Como as árvores deixam cair as folhas, você precisa dar algo para possibilitar novo crescimento.*

Iniciação, segredos
Surpresas para a transformação espiritual, renuncie às coisas externas.

Repressão, dor
Medos e lutas. Você se limitou. Salde dívidas para progredir.

Fertilidade *Pode concluir o que começou. O nascimento é sempre doloroso – persevere.*

Defesa *Delongas. Seja paciente, relaxe e espere. Ponha a casa em ordem calmamente.*

Proteção *Não deixe que as emoções prevaleçam. Razão e ação são a única proteção verdadeira.*

INTERPRETAÇÃO SIMPLES DAS RUNAS

1 *Segure a bolsa das runas na mão e concentre-se numa pergunta, que deve ser simples. Enquanto isso, sacuda calmamente a bolsa.*

2 *Quando sentir que obterá uma resposta, abra a bolsa, ponha nela a outra mão e remexa as runas até que uma pedra pareça grudar nos seus dedos. Essa é a pedra que lhe dará a resposta à sua pergunta. Veja abaixo a interpretação do significado de cada runa.*

3 *Se precisar de uma visão mais ampla, siga o mesmo procedimento, mas escolha três runas e distribua-as da esquerda para a direita.*

4 *A primeira se refere à situação, a segunda a uma ação que se impõe e a terceira ao resultado ou nova situação.*

Posses *As leis de causa e efeito são pistas para o sucesso. Partilhe com outros.*

Alegria, luz *Energia nova, claridade. Um eu realinhado traz realização e renovação.*

Colheita *Seja paciente – não se apresse. Saiba que qualquer que seja o resultado, tudo está bem.*

Abertura *Esteja livre para receber e deixar que a luz entre na sua vida. Não tenha medo.*

Energia do guerreiro *O guerreiro espiritual usa a vontade sem apego ao resultado.*

Crescimento *Para realizar o trabalho, exige-se modéstia, paciência e bondade.*

Movimento *Você veio progredindo e ganhou segurança e autoconfiança.*

Fluxo *Relaxe quando as águas estão calmas e aja quando estão revoltas.*

Ruptura *As coisas não vão se organizar agora. O poder deriva da força interior.*

União *Esta é a jornada da alma, unindo espírito e matéria. Dissipe as ilusões.*

    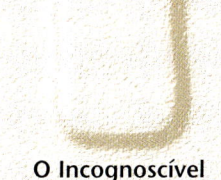

Portão *Tempo para reflexão. Olhe para o passado e para o que você ganhou. Agora prossiga.*

Inovação *A escuridão já passou e tudo se transformou para sempre.*

Imobilidade *Atmosfera fria. Descubra o que o mantém paralisado e deixe que se dissolva.*

Totalidade *Perceba que você já tem dentro de si o que procura.*

O Incognoscível *Vazio. É preciso coragem. Mudança interior significa emancipação.*

A Varinha Mágica

Não sabemos realmente como um pedaço de madeira ou de metal pode detectar a presença de água subterrânea, petróleo e minerais, mas elas vêm sendo usadas há milhares de anos. Existem várias teorias sobre o modo de funcionamento da varinha mágica: uma delas diz que os humanos conservam um instinto primitivo de rastejar água que normalmente está latente, mas pode ser ativado. Outra é a possibilidade de que a varinha emita ondas de energia que voltam rebatidas quando o rabdomante "atinge o alvo". Uma terceira idéia é que o rabdomante entra em sintonia psíquica com o campo de energia de materiais ocultos, usando a varinha mágica para deflagrar o processo. Qualquer que seja a explicação, é uma experiência estimulante para o sensitivo principiante sentir a reação desse recurso psíquico quando ele responde – você se sente profundamente próximo de fontes de energia viva.

Atualmente, a rabdomancia é usada por pessoas preocupadas com a saúde ambiental; ela pode ajudar a localizar fontes subterrâneas de água causadoras de doenças degenerativas nas pessoas que vivem na superfície.

COMO FAZER UMA VARINHA MÁGICA

Tradicionalmente, a varinha mágica é feita com uma forquilha de aveleira ou de salgueiro, mas um pedaço de arame amoldado produz o mesmo efeito.

1 *Pegue um cabide de metal e endireite-o; depois, divida-o em dois pedaços.*

2 *Dobre cada pedaço, formando um L: essas são as suas varinhas mágicas. Em seguida, consiga dois tubos de canetas esferográficas vazios e coloque uma varinha em cada um.*

Segurando esses tubos na vertical, as varinhas devem se movimentar livremente.

3 *Se preferir uma varinha tradicional, e se houver árvores por perto, procure um ramo de aveleira ou de salgueiro que forme uma forquilha. Este é um ótimo instrumento de adivinhação.*

DELIMITANDO A BUSCA

Além da água, os rabdomantes são solicitados a identificar muitos diferentes tipos de materiais subterrâneos. Talvez precisem procurar petróleo ou minerais valiosos, veios de ouro, prata, platina e outros metais preciosos, ou formações rochosas que contenham diamantes e outras gemas. Cada um desses materiais produz uma reação ligeiramente diferente da varinha, e por isso alguns praticantes usam um método bem criativo para chegar a uma precisão maior. Eles "pré-sintonizam" as varinhas com as vibrações do material que querem procurar. Por exemplo, se um rabdomante vai procurar ouro, ele avalia as reações da varinha a uma amostra de ouro. Se a varinha apresenta exatamente a mesma reação no campo, as possibilidades de encontrar ouro ficam muito aumentadas.

COMO PROCURAR ÁGUA

A água pode estar escondida nas profundezas, debaixo de uma camada de terra seca – você consegue encontrá-la?

1 *Mantendo-se relaxado, concentre-se, ande lenta e intencionalmente pela área delimitada e pergunte em silêncio onde você pode encontrar água.*

2 *Se estiver usando varinhas de metal, você saberá quando há água debaixo do solo porque as varinhas se movimentarão juntas para formar uma cruz.*

3 *Se estiver usando um ramo de aveleira ou de salgueiro, segure com certa firmeza cada haste da forquilha e caminhe com a extremidade única virada para cima. De repente, essa extremidade "puxará" e virará para baixo com força quando você localizar água subterrânea.*

4 *No ponto onde as varinhas de metal se cruzaram ou a de madeira virou para baixo, você deve fazer uma escavação exploratória para chegar à fonte de água.*

O Que Você Pode Fazer com um Pêndulo?

Muitas vezes os sensitivos e médiuns são solicitados a localizar pessoas e objetos desaparecidos. Alguns usam o pêndulo para registrar as suas impressões. Você mesmo pode aprender a usar um pêndulo, especialmente se teve sucesso com uma varinha mágica (ver páginas anteriores). Se tiver sorte, você pode descobrir que tem um verdadeiro dom para localizar coisas com esse recurso.

Assim, como conseguir um pêndulo? É fácil; você mesmo pode fazer um – trata-se simplesmente de um objeto pesado suspenso num fio, barbante ou corrente de metal fina. Você pode usar quase tudo: algumas pessoas preferem objetos que usam o tempo todo, como uma aliança de casamento suspensa numa corrente de ouro favorita. Se comprar um pêndulo, existem modelos de madeira muito bonitos; você também pode preferir um cristal trabalhado. Escolha o que for do seu gosto.

De posse do pêndulo, impregne-o com as suas vibrações energéticas; manuseie-o com freqüência e tenha-o sempre com você. Você pode "carregá-lo" com energia de cura e usá-lo para detectar problemas de saúde aplicando-o sobre você mesmo ou sobre outra pessoa. Procure saber o que está acontecendo fazendo ao pêndulo perguntas detalhadas, e então "projete" a energia de cura dele para a área afetada.

Você também pode usar o pêndulo para localizar e curar espíritos perturbados ou energias negativas em ambientes que tenham uma atmosfera espiritual pesada.

Informações de quem sabe O PÊNDULO

É um excelente recurso para ajudá-lo a escolher coisas – *desde cursos recomendados a remédios de diferentes tipos. Você precisará de representações gráficas das suas escolhas. Por exemplo, se você quer saber se seria mais proveitoso mergulhar com escafandro ou participar de um curso de costura, ponha o dedo sobre uma das figuras e pergunte ao pêndulo se essa é a melhor alternativa. Faça o mesmo com a segunda figura.*

Aplicando-o sobre um mapa, você pode localizar pessoas ou coisas. *Posicione o pêndulo sobre um mapa e veja se ele é mais ativo sobre uma área específica. Este pode ser o lugar onde procurar pessoas desaparecidas ou*

sítios sagrados antigos, cavernas escondidas, água ou depósitos minerais.

Use-o também para identificar problemas. *Se você tem alergia de algum alimento, reúna vários suspeitos possíveis, como um produto lácteo ou de trigo e mergulhe um dedo num deles e depois no outro. Pergunte ao pêndulo se esse alimento específico lhe faz mal. Adote o mesmo procedimento com os demais produtos da lista – mais do que um deles pode causar problemas.*

COMO PROGRAMAR O PÊNDULO

1 *Você precisa programar respostas positivas/negativas no seu pêndulo. Para isso, segure o fio com a ponta do polegar e do indicador e suspenda o pêndulo sobre uma superfície plana. Espere até que ele fique totalmente imóvel.*

2 *Movimente suavemente o pêndulo diagonalmente na sua frente; concentre-se e diga em voz alta: "Estes sao olhos." Repita isso várias vezes.*

3 *Agora movimente-o delicadamente na direção contrária e diga: "Isto não é nada." Novamente, repita várias vezes.*

4 *Examine então a precisão do pêndulo. Diga o seu nome em voz alta e pergunte: "Este é meu nome?" Ele deve reagir com uma resposta "sim". Em seguida, diga um nome completamente diferente e faça a mesma pergunta. Agora você deve obter uma resposta negativa.*

COMO ENCONTRAR OBJETOS PERDIDOS

1 *Se você perdeu alguma coisa, o pêndulo pode ajudá-lo a encontrá-la. Primeiro verifique a localização geral – faça ao pêndulo uma série de perguntas para confirmar se o objeto perdido está no escritório, em casa, no carro ou no jardim.*

2 *Depois de obter uma resposta positiva, seja mais específico. Se o objeto estiver em algum lugar na sua casa, pergunte em que peça está: no quarto, no banheiro ou na cozinha?*

3 *Quando obtiver uma resposta "sim" para uma dessas perguntas, vá com o pêndulo à peça especificada e ande por ela lentamente, perguntando ao pêndulo que direção seguir. Ele deve indicar-lhe o que fazer.*

Quem Tem o Seu Número?

Como o seu nome pode ter um significado oculto? E de que modo ele define o seu caráter essencial e o seu destino? A resposta é o estreito vínculo entre letras e números. Os antigos egípcios atribuíam números mágicos a determinadas letras e os usavam para prever o futuro. Mas a ciência dos números (numerologia) teve origem nas culturas grega e hebraica. O sistema hebraico conhecido como Cabala atribuía um número específico às 22 letras do alfabeto hebraico. Assim qualquer palavra pode ser reduzida a um símbolo aritmético e encerra um sentido oculto.

Isso explica por que o nome original que os seus pais escolheram para você é tão significativo. Ele foi criado pelas leis naturais da atração universal no seu nascimento, e é mais importante do que qualquer outro nome que você possa ter, inclusive seu sobrenome de casado ou casada.

Quando descobre os seus números pessoais do destino (abaixo) e pesquisa os significados que eles têm (ver página oposta), você pode ter acesso a novas e surpreendentes revelações sobre o seu caráter.

A data de nascimento gera o seu número da vida, que é fixo e imutável e representa as suas características e atributos especiais e a sua natureza essencial. O número do seu nome é o modo como você se expressa externamente, a sua personalidade. Esses dois números podem operar em harmonia ou ser antitéticos. Neste último caso, isto pode explicar por que você sente que necessidades arraigadas que você tem não estão sendo expressas.

VIBRAÇÕES PRIMÁRIAS

Veja como você pode calcular os dois números pessoais do destino.

1	2	3	4	5	6	7	8	9
A	B	C	D	E	F	G	H	I
J	K	L	M	N	O	P	Q	R
S	T	U	V	W	X	Y	Z	

O primeiro número se baseia na data de nascimento

1 *Para encontrar este número, escreva a data de nascimento por inteiro; por exemplo,* **2 de dezembro de 1958** *se torna* **2/12/1958**.

2 *Some todos os números:*
2 + 1 + 2 + 1 + 9 + 5 + 8 = 28;

e em seguida some os dois dígitos finais para chegar a um único algarismo:

2 + 8 = 10, *que se reduz ao algarismo final* **1**.
Assim, **2/12/1958 = 1**

OS NÚMEROS E OS SEUS SIGNIFICADOS

Lembre-se: cada número tem seus aspectos positivos e negativos – como você os usa, depende de você.

1 *Independente, autoconfiante, pertinaz, determinado. Intolerante, presunçoso, limitado, teimoso.*

2 *Sereno, justo, altruísta, harmonioso, sociável. Irresoluto, indiferente, incapaz de assumir responsabilidade, vontade fraca.*

3 *Amante da liberdade, corajoso, ousado, exuberante, brilhante. Indiferente, impaciente, demasiadamente confiante, falto de energia e determinação.*

4 *Fleumático, leal, inabalável, honesto, grande força de vontade, prático. Desajeitado, insípido, conservador, inflexível.*

5 *Arrojado, animado, corajoso, saudável, simpático. Impetuoso, irresponsável, inconstante, não confiável, estouvado.*

6 *Idealista, generoso, honesto, caridoso, fiel, responsável. Superior, fraco, pouco prático, submisso.*

7 *Sensato, perspicaz, filosófico, resistente, profundo, contemplativo. Mórbido, hipercrítico, inativo, anti-social.*

8 *Prático, vigoroso, empreendedor, resoluto, controlador, constante. Sem imaginação, rude, auto-suficiente.*

9 *Inteligente, compreensivo, discreto, artístico, brilhante, ativo. Fantasioso, letárgico, sem concentração, sem objetivos.*

Observação: tradicionalmente, os números 11 e 22 não devem ser transformados num algarismo único.

11 *Este é o número do intelecto superior ou do gênio, também considerado uma pessoa de sorte. Transformação.*

22 *Por seu grande poder, este número pode resultar em elevação eminente ou em queda calamitosa.*

A fórmula seguinte, muito significativa, deriva da análise do nome.

3 *Para reduzir o nome a um número final, consulte a tabela da página oposta e identifique o número correspondente ao seu nome.*

O meu primeiro nome é:
J = 1 U = 3 L = 3 I = 9 E = 5

Esses números totalizam **21***; somando esses dígitos* **2 + 1 = 3**

Meu sobrenome é:
S = 1 O = 6 S = 1 K = 2 I = 9 N = 5

A soma totaliza **24***; transformando num único algarismo*
2 + 4 = 6

Assim, somados, meus nomes Julie e Soskin totalizam **9***.*

4 *Os números da data de nascimento e do nome são únicos para você – veja o que significam na relação acima.*

CURA PSÍQUICA 4

Quais São os Seus Poderes de Cura?

Você sabia que, de modo inconsciente, você realiza alguma forma de cura todos os dias? Você dá um sorriso a um estranho, dedica alguns momentos a ouvir um colega, lembra-se com carinho de um parente distante, sente compaixão por alguém sobre quem lê e visita um amigo quando sente que ele está triste. Quando machuca a mão, você a esfrega instintivamente para que a dor ou o desconforto passe. Sempre que tem uma dessas expressões comuns de amor e interesse, você está enviando energias de cura.

Cura a Distância

Você pode tornar essas ações ainda mais eficazes aprendendo a aperfeiçoar as suas energias de cura natural. Esse aperfeiçoamento pode assumir a forma de cura a distância, pela qual você "envia" pensamentos intensos, benéficos, para alguém que precise. Por exemplo, quando eu era jovem, fiz parte de um grupo de desenvolvimento psíquico. Fomos solicitados a pensar em alguém que poderia receber os benefícios da cura a distância. Uma amiga estava passando por momentos de grande dificuldade emocional, por isso pus o nome dela na energia de cura. No domingo seguinte, fui visitá-la; ela disse que na noite da terça-feira precedente havia se sentido subitamente envolvida por uma grande onda de sentimento, com a sensação inequívoca de que tudo acabaria bem. Isso havia acontecido em torno das 19h45min, a hora em que o nosso grupo se reunira e realizara a sessão de cura. A minha amiga não fazia idéia do meu interesse por assuntos psíquicos e sem dúvida não tinha conhecimento do grupo.

Orientações para a cura psíquica

Se você acha que tem poderes de cura "natural", isso pode ser agradável para o seu ego – mas não se deixe levar por isso.

Saiba que todo trabalho de "imposição de mãos" que você realiza faz parte de um processo de cura muito mais amplo. Você é simplesmente um canal para as energias de cura. A energia de cura (muitas vezes chamada de prana) procede de uma fonte universal, não de você.

Lembre-se de que você é o instrumento ou o canal para a energia de cura; por isso, a consciência de si e o desenvolvimento espiritual lhe serão de grande proveito.

Não faça diagnósticos nem exerça funções médicas, e jamais contradiga as orientações médicas dadas a outra pessoa por um profissional.

Um Canal para a Cura

Você pode trabalhar para entrar em contato com suas fontes interiores de energia regeneradora (ver página oposta) e usá-la para promover o bem-estar de outros. Embora todas as pessoas tenham a capacidade de promover a cura, algumas podem fazê-lo mais diretamente (ver quadro na página oposta). Se você "ensaiar" ser empático, por exemplo, as pessoas podem se sentir melhor só por estarem perto de você. Se é xamanista, você deve ter uma sensação interna do que será benéfico ou prejudicial a uma pessoa doente. Se tiver capacidade de cura psíquica, as pessoas se beneficiarão diretamente do seu toque de cura. Se a sua capacidade curativa se revelar mais espiritual, você pode ser um canalizador para a cura promovida pelos poderes superiores.

COMO ENCONTRAR A FORÇA INTERIOR

Para que você ou outros sejam beneficiados, aprenda a entrar em contato com a fonte interior de energia regeneradora.

1 *Sente-se numa posição relaxada e coloque as duas mãos sobre o plexo solar.*

2 *Feche os olhos e dirija toda a atenção para as mãos. Aos poucos elas ficarão mais quentes por causa do prana armazenado no plexo solar.*

3 *Agora, coloque os dedos na testa, suavemente. Eles irão vibrar ou formigar, vivificados pela energia.*

4 *Deixe que as correntes de energia prânica fluam para a cabeça; sinta as sensações vívidas que isso causa.*

5 *Quando o formigamento parar, tire os dedos da testa e sacuda as mãos com vigor por uns momentos.*

6 *Finalmente, leve novamente as mãos para o plexo solar, mantendo-as ali durante alguns minutos. Agora, você pode senti-las vivas e "ardentes" de energia.*

Que tipo de agente de cura você é?

- ❏ **1** Você é um bom ouvinte?
- ❏ **2** Você faz os outros se sentirem à vontade?
- ❏ **3** Você se sente ligado à terra e à natureza?
- ❏ **4** As pessoas confiam em você?
- ❏ **5** Você consegue "espantar" uma dor de cabeça?
- ❏ **6** Você quer tornar o mundo um lugar melhor?
- ❏ **7** Você já sentiu a presença de um guia angelical ou de cura?
- ❏ **8** Você tem uma ligação intuitiva com animais?
- ❏ **9** Você às vezes se sente em união total com o mundo?
- ❏ **10** Você sente o sofrimento de outras pessoas?
- ❏ **11** Depois da sua visita ou telefonema, os seus amigos se sentem melhor?
- ❏ **12** Você poderia "resolver" não se sentir mal?

Se você respondeu "sim" a

1 2 4
Você é empático.

3 8 10
Você é xamanista.

5 11 12
Você tem o dom da cura psíquica.

6 7 9
Você tem a capacidade da cura espiritual.

A Cura de Si Mesmo em Primeiro Lugar

Se você descobre que tem realmente a capacidade de curar, nada mais natural que se sinta orgulhoso de si mesmo. Mas você estaria também captando a mensagem errada. Lembre-se sempre de que a única capacidade de cura *pessoal* que você pode honestamente atribuir-se é a de curar a si mesmo. Em todos os outros casos, você simplesmente atua como um canal para a energia de força da vida, ou prana. Essa é que promove a cura nos outros.

Entendendo isso, você compreenderá também que, para tornar-se um agente de cura eficiente, você precisará tratar da cura de si mesmo antes de mais nada. Isso significa resolver os seus problemas físicos e emocionais – curar a si mesmo requer muita consciência e aceitação de si. Significa também livrar-se de mágoas, ressentimentos e outros sentimentos negativos há muito alimentados, por mais justificados que pudessem parecer até agora.

Não seja excessivamente rigoroso consigo mesmo, porém, pois boa parte da cura de si ocorre pelo simples fato de você não pensar muito sobre o passado ou o futuro. Viva e aproveite a vida como ela se apresenta hoje: você é o resultado de todas as suas experiências e tudo o que não foi resolvido no passado se manifestará no aqui e agora. Observe, aceite e enfrente o que acontece em sua vida, e você ativará uma energia vibrante e fluente por meio da qual poderá prosperar e desenvolver-se.

Poderes Naturais

Os exercícios na página oposta têm o objetivo de ajudá-lo a seguir o exemplo e desenvolver as capacidades de outras criaturas comuns. A respiração da borboleta tem relação com a possibilidade de tornar-se "forte" rapidamente – do mesmo modo que a borboleta chega à sua beleza e forma final em pouco tempo, enquanto todos reconhecemos a ferroada curta e intensa da abelha.

Informações de quem sabe ENERGIA DE CURA OU PRANA

A energia de cura está presente dentro de todos nós.
As pessoas nascem com essa energia prânica e ela o liga a tudo o que há no universo – a todas as formas de matéria, tanto animada como inanimada.

As reservas dessa energia podem ser aumentadas.
Você pode elevar os seus níveis de prana unindo-se à energia universal durante a meditação (ver página 23), fazendo afirmações positivas (ver página 34) e equilibrando os chakras (ver página 31).

Existem fontes especiais dessa energia. *O prana flui através de todas as coisas, mas parece estar especialmente concentrado na água e na terra. Atividades como velejar, nadar e praticar jardinagem são maneiras eficazes e agradáveis de aumentar as suas reservas da energia do prana.*

RESPIRE COMO UMA BORBOLETA...

Atraia rapidamente forças de cura poderosas para o corpo com a respiração.

1 *Coloque as mãos sobre o coração e respire profundamente. Ao fazer isso, eleve os braços ao céu. Una-se mentalmente às forças inesgotáveis do prana, ou energia universal.*

2 *Enquanto expira, deixe os braços cair nos lados do corpo.*

3 *Repita essa seqüência dez vezes, atraindo quantidades cada vez maiores da energia prana para o seu corpo.*

... PIQUE COMO UMA ABELHA

Use a sua capacidade de visualização para destruir vírus do resfriado e da gripe e outros inimigos do sistema imunológico.

1 *Relaxe completamente (ver página 23) e examine mentalmente todo o corpo, da cabeça aos pés, sentindo todos os pontos que possam estar afetados.*

2 *Concentre a atenção nesses pontos e visualize exércitos de vigorosas células "guerreiras" em marcha para localizar e destruir os vírus invasores.*

3 *Seja o mais gráfico e detalhado possível em suas visualizações – dê às células guerreiras armas de poder insuperável para torná-las verdadeiramente imbatíveis.*

4 *Observe as suas "tropas" destruindo os vírus – quanto mais energia imaginativa você dirigir para isso, melhores os resultados.*

A Cura do Seu Jardim

Muitos curandeiros psíquicos cultivam plantas viçosas e saudáveis nos seus jardins e hortas. Não admira: a energia que um contato humano benévolo pode dirigir para as plantas contribui de modo extraordinário com a saúde delas. Experimentos mostram que plantas que são regularmente tocadas e afagadas se desenvolvem sensivelmente melhor do que aquelas que são negligenciadas. Essas descobertas feitas por botânicos pesquisadores fazem sentido total a um sensitivo – a comunicação amorosa promove automaticamente a cura e o bem-estar, e a concentração positiva na aura de coisas vivas pode produzir resultados altamente benéficos.

Cada planta tem o seu equivalente espiritual único – você pode vê-los representados como fadas, gnomos e duendes. Não é coincidência que as pessoas põem estátuas desses seres nos jardins – elas estão instintivamente reconhecendo o mundo velado dos espíritos da terra e inconscientemente pedindo-lhes ajuda.

Se você quer que as suas plantas sejam saudáveis e felizes, oriente as energias psíquicas para as suas habilidades de jardinagem. Para começar, aprenda a se comunicar com os espíritos das plantas do seu jardim (ver página 58). Assim fazendo, você lhes dará condições de crescerem fortes e de viverem mais tempo.

REMÉDIO DE RECUPERAÇÃO EM TRÊS ETAPAS

Mesmo que uma planta pareça estar fenecendo, você pode fazê-la reflorescer.

1 *Se partes da planta já estão mortas, remova-as e limpe o solo ao redor dela. Em seguida, entre em sintonia com a planta e pergunte-lhe o que está errado. Ela está muito seca, encharcada ou no lugar errado? Confie na sua intuição.*

2 *Corrija possíveis desequilíbrios que você tenha sentido – trocar a planta de vaso pode ser necessário, se o solo for inapropriado – e em seguida concentre-se em dirigir a energia de cura para a planta, das raízes para cima.*

3 *Visualize uma corda salva-vidas brilhante de energia indo de você até as raízes da planta, subindo pelas folhas e voltando a você num ciclo contínuo. Faça isso até sentir intuitivamente que a planta absorveu energia de cura suficiente.*

SUGESTÕES PARA JARDINAGEM PSÍQUICA

Faça o seu jardim vicejar usando todas as suas capacidades psíquicas. Alimente o solo, elimine as pragas, conclame os ajudantes da natureza e gere energia positiva para as suas plantas.

Alimentação *Solo enriquecido significa plantas saudáveis: alimente-o com adubação orgânica caseira (um bom livro de jardinagem lhe dirá como fazê-la). Enquanto prepara o adubo, visualize o seu jardim cheio de plantas exuberantes.*

Água *Muitos jardineiros psíquicos "potencializam" a água antes de usá-la nas plantas. Passe-a alternadamente de um recipiente para outro para infundi-la com prana ou energia vital ou use um cristal (ver página 112) para projetar nela energia de cura.*

Proteção contra pragas *Ofereça um sacrifício para as lesmas, caramujos e insetos. Por exemplo, você pode fazer um acordo com os espíritos dos caramujos. Combine que eles podem se servir de uma certa quantidade de frutas e vegetais, mas que devem deixar o resto para o seu uso pessoal.*

Criaturas colaboradoras *Acolha calorosamente as criaturas colaboradoras, como joaninhas e sapos, pedindo-lhes ajuda. Elas prevenirão pragas e o ajudarão a manter o jardim num equilíbrio dinâmico e saudável.*

Clima alegre *Faça que tudo no seu jardim se sinta amado e apreciado andando por ele regularmente e verificando se tudo está em ordem. Se escolher nele um lugar especial para meditação, as energias positivas terão grande expansão.*

Cura com Cristais

Se você já se sentiu fortemente atraído por um cristal ou por uma pedra preciosa, não ignore essa sensação. Você pode ter encontrado um parceiro de cura psíquica ideal. Cada pedra contém em si a energia do tempo passado nas profundezas da terra; ela não só atua como um poderoso foco para o trabalho de cura, mas também dinamizar muito o processo.

Existem muitos tipos de cristais disponíveis em lojas especializadas em produtos minerais, nova era ou de museus, e é fácil sentir-se confuso diante de tantas possibilidades. Para os objetivos práticos, porém, um curandeiro psíquico capaz precisa de apenas uma pedra preciosa, programada e reservada para essa tarefa específica. Uma pedra de quartzo límpida e imaculada, com uma extremidade afilada e bem definida, é excelente para a maioria dos trabalhos de cura; escolha uma que se adapte facilmente à sua mão. Como alternativa, ametista bruta é outra pedra de cura de grande poder curativo.

Depois de escolher o seu cristal, você pode prepará-lo para o trabalho de cura sintonizando-o com a sua própria energia (ver à direita). O seu cristal então está pronto para a ação; para realizar a cura, use a técnica simples, mas eficaz, descrita na página oposta. Isso repõe os níveis dc energia que ficaram prejudicados pela dor e pela doença; ao mesmo tempo, ele põe em ação os recursos de cura que já estão presentes na pessoa que você está ajudando.

Qualquer que seja o cristal que você escolha, cuide bem dele e guarde-o em lugar seguro. Limpe-o regularmente (ver à direita) para eliminar toda energia negativa que ele possa ter absorvido.

Orientações para limpeza

Os cristais retêm e aumentam a energia mais do que qualquer outro material, por isso é fundamental limpá-los seguidamente. Veja alguns métodos simples:

Segure o cristal sob água corrente limpa durante alguns minutos.

Coloque o cristal num prato limpo, que não seja de plástico (é melhor de porcelana) e deixe-o à luz do sol durante algumas horas pelo menos.

Visualize um raio de luz brilhante limpando completamente a pedra.

COMO POTENCIALIZAR O CRISTAL

Antes de usar o cristal para o trabalho de cura, você precisa ativar as energias nele latentes.

1 *Lave o cristal sob água corrente por alguns momentos. Enxugue-o e conserve-o junto ao corpo durante alguns dias para que ele nivele as energias dele com as suas o máximo possível. Durante a noite, deixe-o debaixo do travesseiro.*

2 *Quando estiver pronto para carregar o cristal, sente-se num lugar tranqüilo e relaxe completamente, segurando-o nas mãos. Ponha toda a sua atenção no cristal.*

3 *Olhe fixamente para o cristal; ao mesmo tempo, invocando o bem maior ou outro guardião espiritual, dirija mentalmente uma pulsação continuada de energia de cura para o cristal, da base para cima.*

4 *Você sentirá o cristal "latejando" na mão; quando sentir que ele está totalmente programado, envolva-o num pedaço de algodão ou de linho branco e guarde-o num lugar seguro.*

A CURA COM CRISTAL

Este método é excelente para o trabalho de cura em geral, sendo seguro e eficaz.

1 *Atente para que a pessoa que está sendo tratada fique à vontade e relaxada – talvez ela prefira se deitar ou ficar reclinada numa cadeira – e que haja silêncio na sala.*

2 *Pegue o cristal na mão direita e ligue-se mentalmente com as vibrações dele até sentir a mão pulsar.*

3 *Direcione a ponta do cristal para um ponto situado uns 30 cm acima da cabeça da pessoa e movimente lentamente o cristal no sentido horário ao redor do corpo dela. Enquanto faz isso, visualize um raio laser de energia pulsando do seu cristal. Repita esse procedimento várias vezes até envolver*

completamente o corpo da pessoa com um campo de força curativa.

4 *Se sentir que uma área precisa de um tratamento especial dirija a ponta do cristal para esse ponto por alguns momentos. Projete energia até sentir que pode continuar.*

5 *Você saberá instintivamente quando fez o suficiente. Nesse momento, transfira o cristal para a mão esquerda e visualize a energia do cristal voltando aos poucos para ele. Não há garantias de sucesso, como acontece com toda cura, mas a prática aumentará a sua habilidade.*

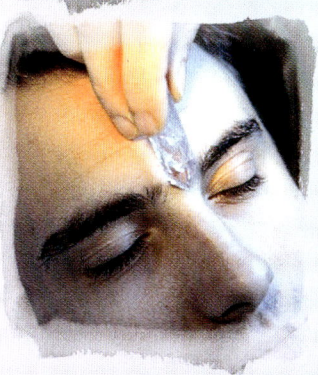

Depois de adquirir confiança com o uso de um cristal para cura, você pode ampliar a sua reserva de recursos e tentar outros tipos de pedras preciosas. Novamente, você pode consegui-las facilmente no mercado, em lojas ou por encomenda. Quase todas as revistas nova era contêm anúncios de fornecedores de pedras.

Caso se sinta atraído à cura com pedras preciosas, você se perceberá sendo direcionado para os centros dos chakras do corpo. Estes reagem ativamente às vibrações de diferentes pedras e, se escolher as certas, você poderá usá-las para energizar e curar, como descrito na página oposta. Os chakras desempenham uma função essencial em todos os aspectos do seu bem-estar – físico, mental e espiritual – e têm influência direta sobre a saúde da aura. Cada chakra tem a sua própria cor característica, por isso é importante escolher a pedra certa para cura nesses centros. Na escolha dos cristais para os chakras, deixe a intuição guiá-lo, e dedique tempo examinando, tocando, sentindo e avaliando as vibrações dos diferentes tipos existentes. Em algum momento, a pedra certa aparecerá. Você saberá por instinto, pois é como se ela dissesse, "Escolha-me!"

Centro da Coroa

Uma pedra preciosa apropriada para este centro pode ser um quartzo claro, uma ametista violeta-vivo ou uma sugalita-púrpura. Segure o cristal no topo da cabeça.

***Benefícios curativos** Acalma os sentimentos de ansiedade constante, insegurança e afastamento dos outros.*

Centro da Garganta

Escolha dentre as pedras preciosas azuis, como safira, turquesa, lápis-lazúli, água-marinha e ágata com áreas azuis. Acomode o cristal na cavidade da garganta.

***Benefícios curativos** Alívio para garganta inflamada, tosses e glândulas inchadas.*

Centro do Plexo Solar

Escolha pedras preciosas douradas, como citrino, âmbar, topázio amarelo, e coloque o cristal escolhido logo acima do umbigo.

***Benefícios curativos** Ajuda em distúrbios de alimentação, como anorexia e bulimia; acalma qualquer problema localizado nos intestinos.*

Centro da Base

Escolha as cores de terra do jaspe vermelho ou um olho-de-tigre vermelho-castanha, ou ainda um calhau preto. Coloque o cristal escolhido na base da coluna.

***Benefícios curativos** Use-o para dores nos ossos, estresse e problemas nos intestinos.*

Centro da Testa

O tom índigo forte da sodalita funciona bem sobre este chakra. Equilibre o cristal no ponto entre os olhos.

Benefícios curativos *Bom para dores de cabeça vagas, visão turva, sonho agitado e nervosismo geral.*

Centro do Coração

Procure pedras preciosas verdes, como malaquita, ágata musgosa ou jade. Como alternativa, você pode usar uma pedra rósea, como um quartzo rosa ou rodonita. Posicione o cristal no centro da região do peito.

Benefícios curativos *Alivia bronquite, asma, infecções no peito, problemas cardíacos e reações emocionais violentas.*

Centro do Sacro

Use o laranja estimulante de pedras coloridas como o âmbar, a cornalina, a ágata alaranjada ou calhaus alaranjados. Coloque o cristal sobre a área genital.

Benefícios curativos *Bom para problemas com menstruação, TPM, esterilidade e impotência.*

O Som na Cura

Uma mãe embala o filho, murmurando uma canção de ninar conhecida e sussurrando palavras carinhosas e calmantes. O bebê já entrou em sintonia com a voz da mãe no ventre, e reage com gorgolejos, completando o ciclo da harmonia íntima. Esse evento comum é apenas um aspecto do poder do som.

Essa força é conhecida desde a aurora dos tempos: "No princípio era o Verbo." Essa frase da Bíblia (Jo 1.1) significa a liberação de uma energia espantosa, por meio da qual o mundo todo foi criado.

A música também tem poderes psíquicos profundos; algumas tradições afirmam que cada nota musical representa um ser espírito. O músico indiano Ravi Shankar acredita que o som é Deus; e considera a música um caminho espiritual que leva à paz e à beatitude divinas.

Quando entra psiquicamente em sintonia com o som, você pode dirigir esses poderes de cura para o seu interior. A música usada para meditação pode ajudá-lo a recuperar-se e a reviver em espírito; o estímulo dos chakras com o som pode ajudar a corrigir desequilíbrios que estão causando indisposições e doenças.

A ESSÊNCIA DA MÚSICA

Encontre os espíritos de cura na música com a ajuda desta meditação simples.

1 *Escolha uma melodia que sempre o induz a um estado de paz e reflexão; ouvindo-a, deixe-se levar a uma condição de calma e meditação (ver página 23). Agora concentre-se na música e vá com ela aos níveis espirituais mais elevados.*
2 *Ao aprofundar-se na meditação e contemplação, sinta-se completamente unido com o cosmo.*
3 *Deixe que o som da música chegue à sua consciência, de modo que ela se torna parte do seu próprio ritmo. Ponha todo o seu ser em sintonia com a dança da melodia, e agora una-se com os espíritos dentro da música.*
4 *Nesse ponto, peça aos espíritos da música que lhe tragam a cura e abra-se para eles. Faça isso até se sentir restabelecido e revitalizado, e então volte ao seu estado normal.*

CANTE PARA OS CHAKRAS

1 *Concentre-se na respiração como descrito na página 23; feche os olhos. Visualize o disco rodopiante vermelho do chakra da base. Ouça com atenção. Você ouvirá o timbre do chakra intuitivamente (os chakras inferiores têm tons mais graves, os quais se tornam mais agudos à medida que você sobe).*

2 *Reproduza a nota que você ouve, fazendo-a soar exatamente na mesma vibração que você sente no chakra da base. Essa é uma nota forte, com o som "U".*

3 *Em seguida, concentre-se no disco laranja do chakra do sacro; entre em sintonia com a vibração sonora por ele emitida, como antes; reproduza esse som entoando "OR".*

4 *Agora imagine o núcleo amarelo resplandecente do chakra do plexo solar; ouça a nota especial que ele emite e cante-a em sintonia com o som "AH".*

5 *Passe para o centro verde do chakra do coração; espere que ele emita a nota que lhe corresponde e depois cante-a como o som aberto "AR".*

6 *Em seguida, concentre-se no azul-celeste claro do chakra da garganta. Entre em sintonia com a nota e cante-a como um som de "É" curto e rápido.*

7 *Invoque as profundezas do índigo do chakra da testa, concentre-se no seu som e cante-o imitando o som "I".*

8 *Agora visualize o violeta puro do chakra da coroa. Ouça atentamente até ouvir a sua nota e depois cante-a com o som de "I-U".*

9 *Finalmente, leve a atenção de volta para o chakra do coração e sussurre para si mesmo até sentir-se totalmente em sintonia em todo o seu corpo.*

A Cura de Si Mesmo com a Cor

Você sabia que a cor contém tanta energia, que ela pode influenciar os seus ritmos respiratórios? A exposição a uma luz vermelha deixa a sua mente alerta, aumenta a pressão sangüínea, estimula as emoções e o estimula à ação. As reações serão exatamente opostas se a exposição for ao efeito tranqüilizador do azul.

Você pode aplicar a energia terapêutica da cor de várias maneiras – mas o melhor lugar onde começar é a sua casa. Tenha você um apartamento pequeno ou uma casa espaçosa, uma escolha sensitiva da cor pode transformar a sua moradia num espaço de cura.

Ao planejar a decoração de um cômodo da casa, consulte o diagrama (direita) e veja a influência psíquica que cada cor exerce. Para dormir melhor, por exemplo, você poderia levar a ação calmante do verde-suave para o quarto. Inversamente, a energia vibrante e alegre do vermelho é melhor para lugares onde haja movimento, como salas de recreio das crianças. O amarelo inspirador da luz do sol é perfeito para uma sala de estudo ou trabalho.

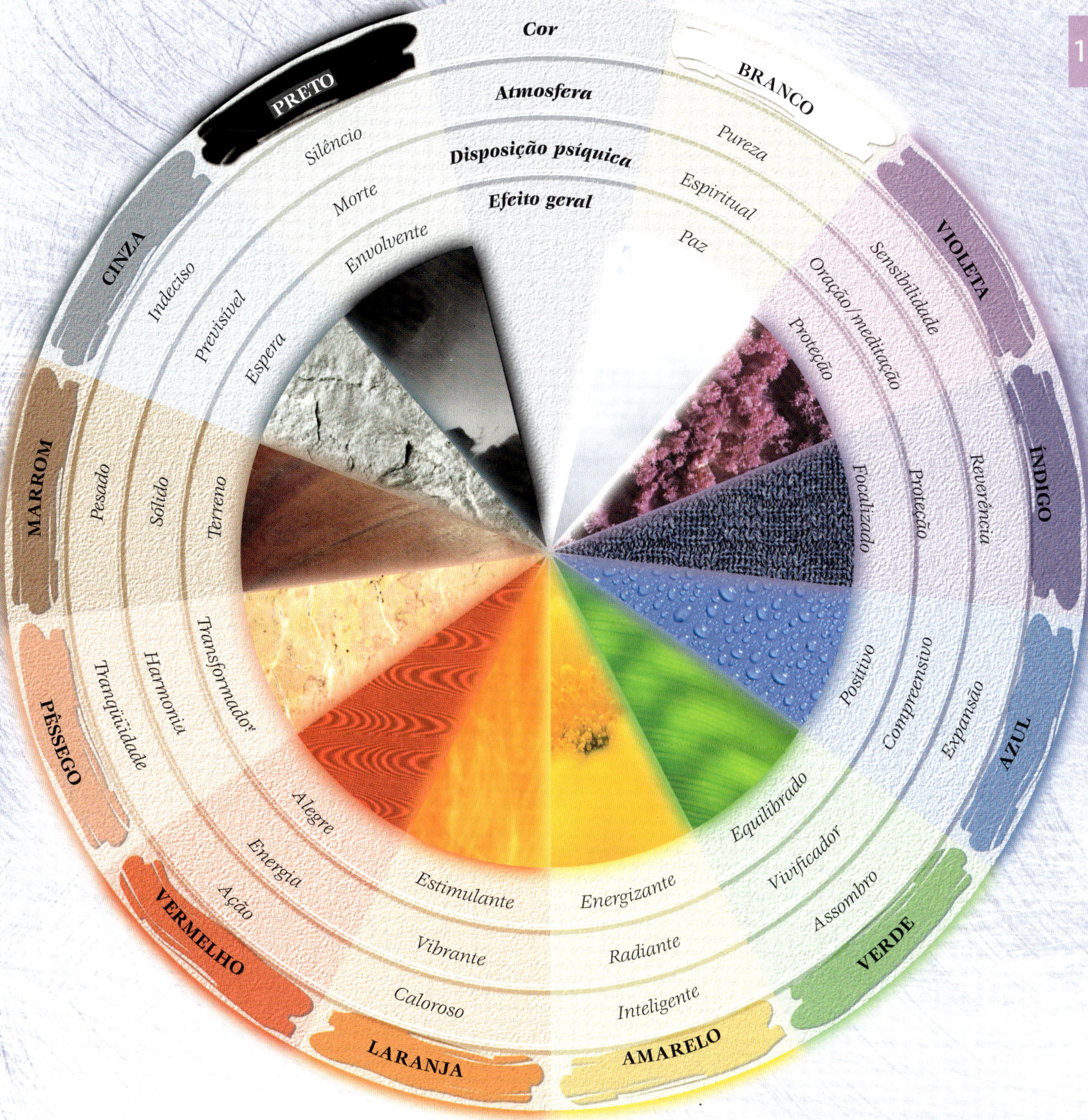
Cor
Atmosfera
Disposição psíquica
Efeito geral
PRETO
Silêncio
Morte
Envolvente
BRANCO
Pureza
Espiritual
Paz
VIOLETA
Sensibilidade
Oração/meditação
Proteção
ÍNDIGO
Reverência
Proteção
Focalizado
AZUL
Expansão
Compreensivo
Positivo
VERDE
Assombro
Vivificador
Equilibrado
AMARELO
Inteligente
Radiante
Energizante
LARANJA
Caloroso
Vibrante
Estimulante
VERMELHO
Ação
Energia
Alegre
PÊSSEGO
Tranqüilidade
Harmonia
Transformador
MARROM
Pesado
Sólido
Terreno
CINZA
Indeciso
Previsível
Espera

A energia da cor já está ativa na própria essência do seu ser, nas regiões abissais dos seus chakras. A melhor maneira de manter o justo equilíbrio mental, emocional e espiritual é respirar cor para os chakras, como descrito na página 31. Faça esse exercício regularmente, usando as estampas coloridas das páginas 122-37, e você manterá também uma aura equilibrada e saudável.

Entretanto, em algum momento talvez você prefira usar a cor de um modo mais direto, dirigi-la para problemas específicos. Por exemplo, você pode envolver-se num círculo de cor terapêutica (direita) ou canalizar luz colorida para o corpo, como mostra a página oposta. Cada cor tem propriedades curativas específicas, e essas técnicas o ajudam a concentrar toda a sua atenção numa série de males, como artrite, pressão alta, esgotamento nervoso, ansiedade e outros.

COMO A COR CURA

O tempo necessário para cada cor produzir efeito varia. Siga essas orientações, sem exceder os tempos recomendados.

Vermelho
7 minutos

Laranja
10 minutos

Amarelo
12 minutos

Energiza, melhora a circulação, aumenta a pressão sangüínea. Use-a para ciática. Não a use se for hipertenso.

Ajuda a digestão e melhora o metabolismo. Boa para reumatismo, cãibras, espasmos e asma.

Estimula o sistema nervoso, o fígado, o pâncreas e os rins. Use-a para tratar constipação e artrite.

UM CÍRCULO CURATIVO DE COR

Envolva-se com uma cor terapêutica para aliviar um problema de saúde.

1 *Leia a lista de cores e suas propriedades curativas (abaixo) e escolha a que melhor se aplica ao seu problema. Se você está se sentindo estressado, por exemplo, o verde pode ajudar.*

2 *Deite-se num lugar confortável, com os braços ao longo do corpo e faça o exercício de respiração descrito na página 23 para relaxar completamente.*

3 *Visualize-se envolvido num círculo reluzente da cor escolhida e concentre-se no chakra do coração. Respire a cor para esse centro e visualize-a circulando por toda a aura durante alguns minutos.*

4 *Se sentir que isso o alivia, aumente o tempo de circulação da cor – 10-20 minutos devem ser suficientes.*

TERAPIA DE COR RADIANTE

Use luz colorida para projetar energia de cura no seu corpo.

1 *Consulte a lista de cores para identificar a ação curativa de cada uma (abaixo), e escolha a que você precisa. Se você tem problemas digestivos, o laranja é apropriado.*

2 *Use uma lâmpada da cor escolhida ou uma folha de papel transparente dessa cor que receba a projeção de uma lâmpada comum. Ponha a lâmpada no chão e acenda-a.*

3 *Tire sapatos e meias e sente-se no chão sem cruzar as pernas. A lâmpada deve ficar a uns 50 cm distante dos pés. Dirija o raio de luz para o centro da planta de um dos pés – essa é a trajetória natural seguida pela energia colorida para entrar no corpo.*

4 *Para um tratamento equilibrado, siga o mesmo procedimento para o outro pé; veja abaixo o tempo necessário para cada cor.*

**Verde
15 minutos**

Produz equilíbrio físico e mental e é excelente para o estresse. Use conforme orientações para não estimular demasiadamente o coração.

**Turquesa
15 minutos**

Refrescante e repousante, fortalece os sistemas nervoso e imunológico. Abranda inflamações e eczemas.

**Azul
15 minutos**

Excelente cor curativa para todas as situações. Reduz a pressão sangüínea e promove o crescimento saudável de células e tecidos.

**Violeta
15 minutos**

Melhora a estabilidade mental, ajuda a purificar o corpo e eleva a auto-estima. Excelente também no tratamento de choques.

O Vermelho Dinâmico

A potência calorosa e vivificante do vermelho influencia-o nos níveis fundamentais. A energia dessa cor percorre seu corpo através do sangue e também ativa o chakra da base, o centro psíquico que liga ao núcleo interior do planeta. É nas profundezas da terra que podemos encontrar uma energia impetuosa e brilhante – e é essa que lhe dá o apetite básico pela vida. É por isso que o vermelho eleva o ânimo e estimula o sangue; também gera grande intensidade emocional, que varia desde uma proteção, paixão e agressão intensas até uma violência inesperada.

Tons de Vermelho

Você pode absorver o vermelho na forma mais pura e reluzente, mas a cor varia dependendo do que lhe está acontecendo. A aura refletirá isto: um vermelho suave mostra o seu lado espontâneo, alegre, enquanto matizes vivos e ricos indicam coragem, capacidade de suportar e emoções fortes. Se a cor for sensivelmente escura ou turva, porém, isso aponta para energia perigosamente bloqueada, frustrada.

Como Restabelecer o Equilíbrio

Um desequilíbrio do vermelho no sistema não se reflete só na sua aura; você também pode ficar "vermelho" de frustração ou de raiva. Ao sofrer um choque, derrota ou trauma, as suas reservas básicas de energia vital esgotar-se-ão seriamente. Corrija esses extremos fazendo o exercício de equilíbrio de chakras descrito na página 31. Visualize o chakra da base resplandecendo com uma energia vermelha pura – e use a imagem da página oposta como inspiração.

Cura com o Vermelho

Os agentes de cura psíquicos usam o vermelho para ativar a circulação sangüínea, estimular a energia e aliviar a dor de articulações e músculos. Se o estresse sobrecarregou as suas glândulas supra-renais, de modo que você está totalmente exaurido e depauperado, o vermelho pode dar-lhe vida nova.

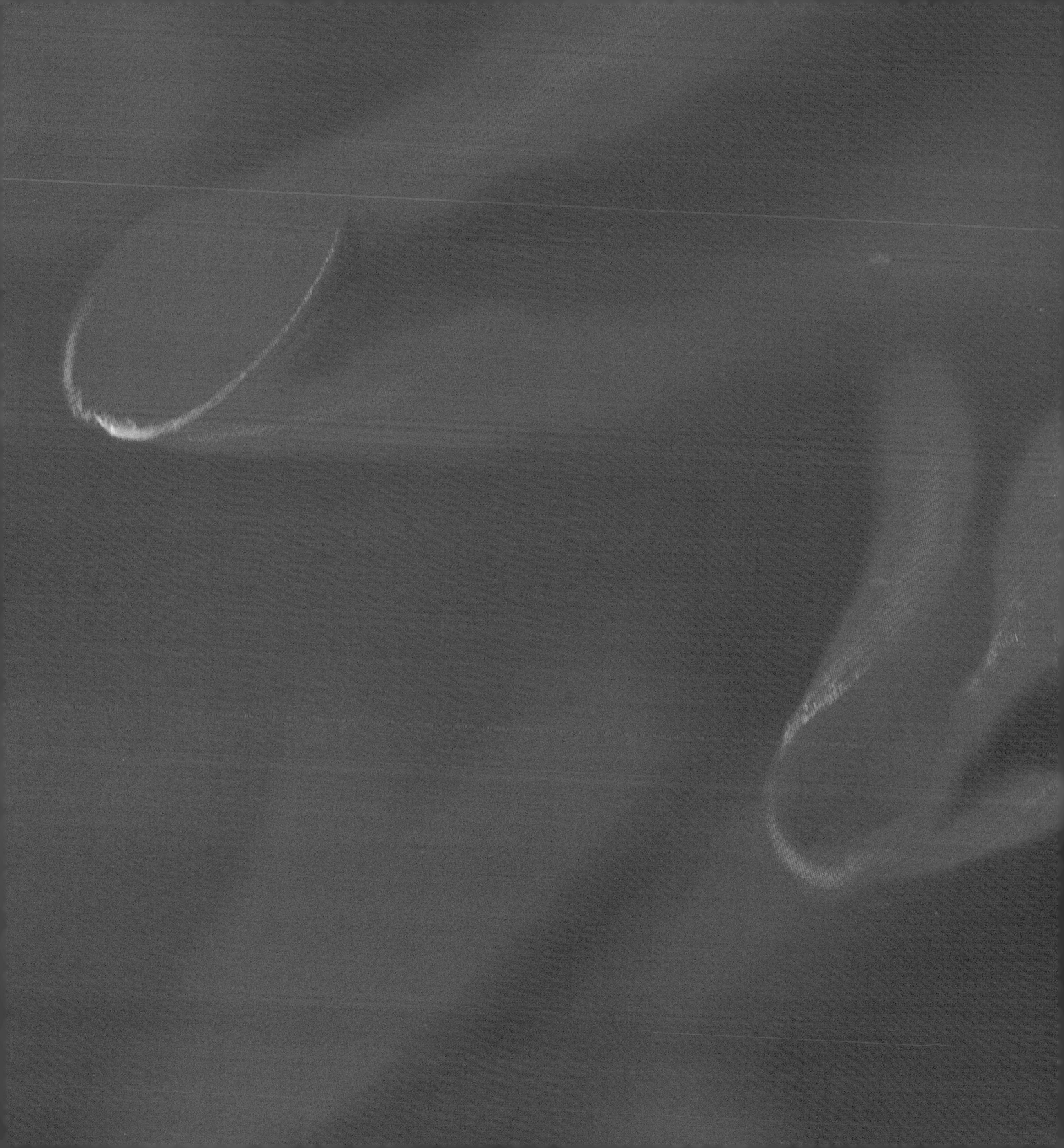

O Laranja Alegre

O resplendor caloroso no centro de uma chama é a representação perfeita da energia jovial do laranja. Essa é a cor que ativa o chakra do sacro e é expressa no amor instintivo e prazeroso da vida. A energia laranja estimula o seu prazer pela comida, pela música, pela dança e pelo sexo, promovendo ao mesmo tempo uma sensação de bem-estar, felicidade e abundância.

Tons de Laranja

Um laranja claro e puro na aura é sinal positivo de energia, otimismo, imaginação, foco e propósito, mas vários tons podem aparecer, dependendo do que está acontecendo na sua vida. Por exemplo, um matiz laranja-amarelado suave indica atividade mental intensamente criativa, enquanto no extremo oposto do espectro, um laranja-avermelhado pode refletir confusão, ambivalência, astúcia e emoções reprimidas. Um tom muito escuro ou turvo representa auto-indulgência descontrolada.

Como Restabelecer o Equilíbrio

Se o laranja está muito fora de equilíbrio no sistema, isso se refletirá nos tons da cor na aura, mas aparecerá também no seu comportamento externo. Excesso e você nunca está satisfeito, procurando o prazer insaciável na comida, nas posses, no sexo ou no dinheiro. Escassez, e a sua alegria da vida pode ter sido esgotada pela privação extrema de algum tipo, e isso pode ter como conseqüência a falta de vitalidade e a depressão. Para recuperar a saúde da aura, equilibre os chakras como indicado na página 31 e use a imagem na página oposta como inspiração.

Cura com a Cor Laranja

O laranja é um tônico extraordinário para o sistema reprodutor e carrega as suas baterias quando você está cansado, estressado ou doente. Nas proporções corretas, também age como corretivo natural, dando-lhe condições de saber quando "o suficiente é suficiente" e devolvendo-lhe saúde e vitalidade.

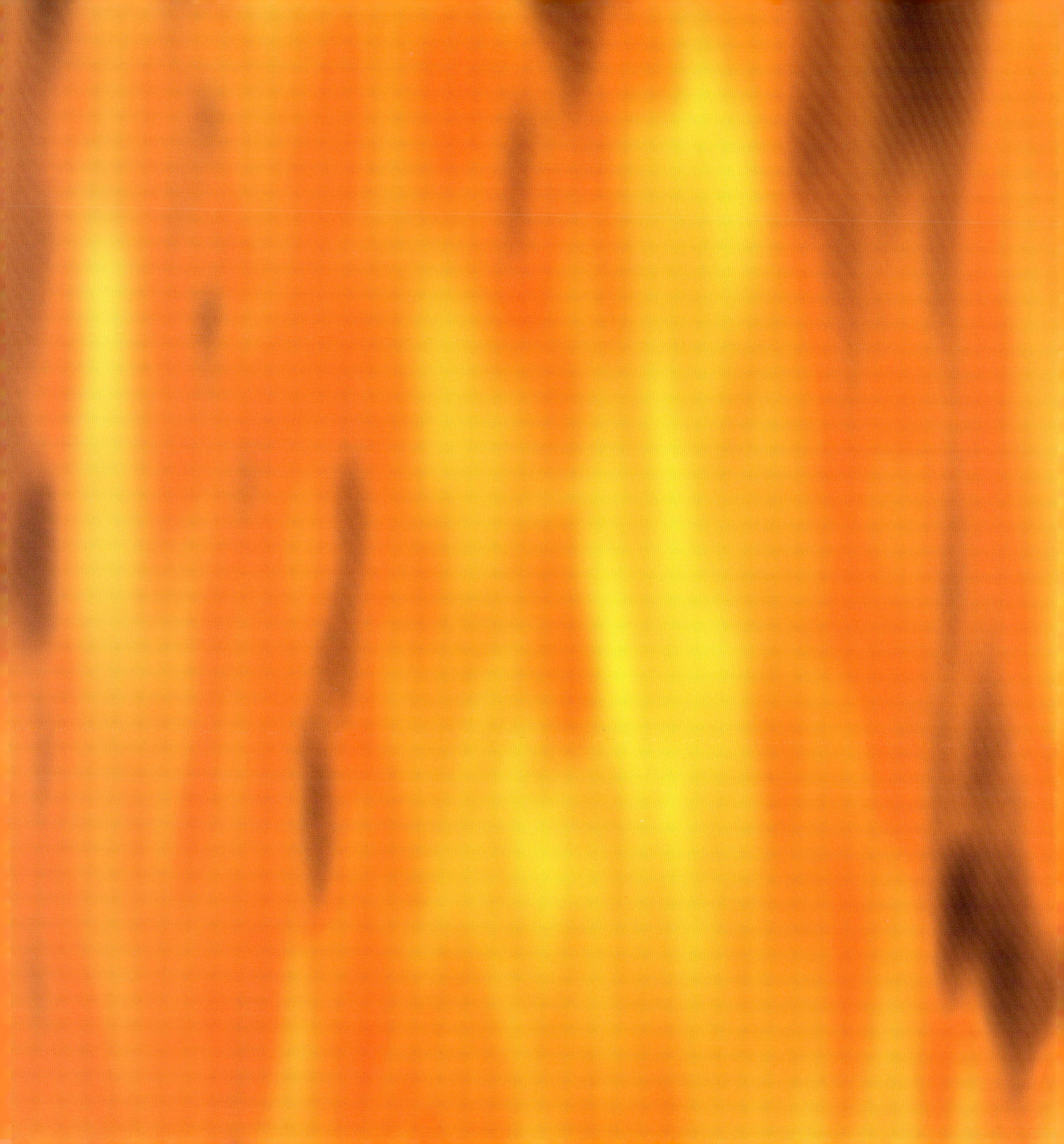

Amarelo Iluminador

Cor característica do chakra do plexo solar – o centro que dá origem ao senso de poder pessoal, de auto-estima e de realizações – o amarelo é também a cor do sol, com as qualidades positivas de brilho, abertura, claridade e calor. O poder do amarelo na sua vida é dúplice: no nível físico, ele lhe dá condições de sentir-se bem consigo mesmo; intelectualmente, ele favorece o pensamento lúcido, a comunicação aberta, a análise, a lógica, o julgamento e a inteligência. O amarelo pode dar-lhe a autoconfiança suprema para realizar as suas idéias, mas pode também sobrecarregá-lo e confundi-lo com possibilidades em excesso.

Tons de Amarelo

Um amarelo brilhante e vibrante na aura reflete o lado iluminado da personalidade. Um tom de amarelo suave indica áreas de pensamento místico, enquanto um amarelo apagado aponta para idéias confusas, mal definidas ou deficientes em imaginação. Pode revelar também dissimulação e desonestidade.

Como Restabelecer o Equilíbrio

Se muitos aspectos negativos de amarelo se refletem na aura, provavelmente a sua auto-estima está baixa. A sua confiança, coragem, senso de valor intrínseco e senso de humor podem estar exauridos. Você pode restabelecer a harmonia do seu sistema equilibrando os chakras conforme descrito na página 31. Respire a energia limpa e clara do amarelo puro no chakra do plexo solar, usando como inspiração a imagem da página oposta.

Cura com o Amarelo

Agentes de cura sensitivos usam o amarelo para melhorar a digestão e eliminar toxinas do fígado e da vesícula biliar; seus efeitos suavemente estimulantes também fortalecem e acalmam um sistema nervoso exausto, o que ajuda a promover um pensamento claro e consistente. Num nível emocional, ele ajuda a recuperar a auto-estima e o prazer da vida.

O Verde Vivificante

O poder calmante do verde leva tranqüilidade e harmonia para a própria essência do seu ser. Ele é a energia colorida irradiada do chakra do coração, onde ele governa a sua capacidade de dar e receber amor, de criar empatia com os outros e de encontrar a paz dentro de si mesmo. Cor da natureza, o verde o transporta a um contato relaxado e curativo com o mundo ao seu redor; mas, como na natureza, ele também pode estagnar e degenerar, conduzindo a emoções prejudiciais, como inveja e ressentimento.

Tons de Verde

Um verde-claro, brilhante, na aura é sinal auspicioso de julgamento justo, adaptabilidade e equilíbrio, enquanto um tom muito suave denota espiritualidade, habilidade de curar e uma natureza intensamente simpática. Por outro lado, se alguém está "verde de inveja", isso está indicado por um matiz verde-escuro ou oliva. Um verde turvo ou esmaecido remete para astúcia, engano, carência emocional e dissimulação, um verde-amarelado para possessividade e um verde-cinza para depressão.

Como Restabelecer o Equilíbrio

Se o verde na sua aura não está em equilíbrio saudável, você pode sentir-se literalmente deteriorado. Mas, por mais arruinado ou entorpecido que se sinta, você pode usar a energia do verde puro, rejuvenescedor, para desintoxicar o seu sistema. Faça isso equilibrando os chakras como descrito na página 31, e use a imagem da página oposta como inspiração enquanto respira a energia revigorante do verde no chakra do coração.

Cura com o Verde

O verde tem uma energia restauradora intensa que regula o coração e a pressão sangüínea, cura os pulmões e o peito e também elimina toxinas do sistema. Como o verde é a mais relaxante das cores, ele acalma os seus nervos estafados depois de você passar por alguma pressão; também favorece o sistema circulatório e ajuda a equilibrar e harmonizar.

O Azul Inspirador

O poder calmo e suave do azul o põe em contato com as vistas infinitas do céu e do mar, evocando espiritualidade, devoção e um senso do sagrado. O azul é também a cor do chakra da garganta, o centro da comunicação. Quando ativado, esse chakra o inspira a falar no espírito de verdade. O azul é uma força de grande abrangência e influência que pode se expressar mediante uma personalidade independente, de um idealista arredio e, no outro extremo, de uma pessoa profundamente emocional que freqüentemente se sente esmagada por emoções intensas.

Tons de Azul

Um azul-celeste claro na aura indica autoconfiança e clareza mental; turquesa significa uma atitude tranqüila; e uma nuança suave indica devoção a um ideal. Se o azul é muito pálido, isso aponta para pensamentos superficiais. Tons mais profundos podem significar que você está se sentindo deprimido devido a uma fase de tristeza ou a uma depressão mais grave e prolongada. Mas algumas ocorrências de azul-escuro são muito positivas – o azul da meia-noite é sinal de intuição aguçada, enquanto o azul-marinho reflete uma energia protetora em ação.

Como Restabelecer o Equilíbrio

Quando o seu sistema foi afetado pelos aspectos negativos do azul, a sua fé na vida pode estar debilitada, e você pode perder a perspectiva. Corrija esses problemas fazendo o exercício de equilíbrio dos chakras descrito na página 31. Com a ajuda da página oposta, recupere o vigor do chakra da garganta respirando a energia brilhante do azul puro.

Cura com o Azul

O azul é um analgésico excelente. Os curandeiros psíquicos também o usam para ativar os recursos de cura do corpo – suas propriedades calmantes são usadas para tratar a tireóide, problemas da boca e da garganta e a febre. O azul é usado ainda para tratar traumas espirituais e emocionais e para restabelecer um senso de paz e calma.

O Índigo Visionário

O azul da meia-noite, hipnótico, do índigo tem um efeito transformador sobre o corpo e a alma. Ele é o sinal de um verdadeiro místico e é também a cor do chakra frontal. Esse centro psíquico aguça a clarividência e expande a visão psíquica, dando-lhe condições de ver o passado, o presente e o futuro como um quadro único. Por estimular o lado direito do cérebro, o índigo aciona a imaginação criativa, aprofunda a intuição e lhe dá uma confiança interior, serena, de que você conhece a verdade. Mas essas mesmas qualidades podem também torná-lo uma figura remota e isolada, que acha difícil comunicar-se com outras pessoas.

Tons de Índigo

O índigo freqüentemente apresenta matizes de púrpura e violeta na aura, e essas cores o relacionam com níveis superiores de consciência, promovendo um senso extraordinário de paz e harmonia espiritual. Mas um nível elevado de índigo na aura pode também causar-lhe problemas. Pessoas com qualidades místicas muitas vezes são malcompreendidas, acarretando a exclusão e a solidão como conseqüência.

Como Restabelecer o Equilíbrio

Visões psíquicas podem absorvê-lo, mas se isso levar ao isolamento e ao distanciamento, esses serão sinais de advertência a que você deve prestar muita atenção. Fazendo o exercício de equilíbrio dos chakras descrito na página 31, você pode "pôr os pés no chão" sem perder contato com o seu eu superior. Recorra à imagem da página oposta para inspirar-se, integre o índigo em todo o seu ser e fique em contato com a alegria da vida cotidiana.

Cura com o Índigo

O índigo exerce uma ação sedativa intensa e pode agir como um anestésico suave. Os curandeiros psíquicos o usam para tratar de distúrbios mentais, pois ele ajuda a clarear a cabeça. Se os seus nervos foram afetados a ponto de entrarem em colapso, o índigo virá em seu resgate e restabelecerá o seu equilíbrio interior.

O Violeta Místico

O fulgor irradiante do violeta puro proclama um nível transcendente de consciência, informado pelo desejo de conhecer a verdade eterna. Ele significa pensamento iluminado e ligação profunda com o mundo espiritual. Conhecido como a cor dos reis, o violeta é usado pela realeza, pelos bispos e papas para simbolizar um poder que está além da esfera temporal. Ele é também a cor do chakra da coroa, o centro psíquico que o relaciona com o conhecimento das fontes mais profundas da sabedoria espiritual.

Tons de violeta

Vendo-o na aura, em geral o violeta é intenso e brilhante, e sem aspectos negativos. Mesmo quando escura, essa cor não representa problema – pelo contrário, significa uma ligação quase perfeita com o divino. Você pode se sentir magneticamente atraído pelo violeta, pois ele exerce uma influência psíquica muito forte; isso é ótimo, desde que você não o use para alimentar uma fantasia de si mesmo como um espírito superior, numa tentativa de fugir às exigências da vida diária.

Como Restabelecer o Equilíbrio

É muito raro ver um predomínio do violeta na aura – de fato, algumas pessoas quase não o têm. Isso pode ser conseqüência de um sentimento "amortecido" de que a vida não tem sentido além do puramente físico. Praticando o exercício de equilíbrio dos chakras descrito na página 31, você pode integrar um nível saudável de violeta na sua aura. Inspirando-se na imagem da página oposta, respire violeta no centro da coroa para poder permanecer em contato harmonioso com o seu eu superior.

Cura com o Violeta

O violeta acalma o cérebro e o sistema nervoso e ajuda a dissipar obsessões e neuroses irracionais. Curandeiros psíquicos o usam para tratar traumas e distúrbios emocionais. O violeta exerce um efeito calmante sobre erupções da pele e queimaduras do sol e ainda sobre a glândula pineal e os olhos, além de equilibrar o metabolismo. Também tem grande eficácia como proteção psíquica.

O Branco Purificador

A graça silenciosa da neve recém-caída é a imagem perfeita tanto da beleza quanto do silêncio do branco, a cor que representa o espírito totalmente desperto. A energia clara e pura do branco expande a sua mente numa corrente luminosa de luz branca, ligando-o aos níveis superiores da consciência através do chakra da coroa. Essa experiência produz profundo alívio e libertação espiritual e uma sensação imensamente serena de distanciamento de toda confusão emocional e desordem mental.

Tons de Branco

O branco é raramente visto na aura, e ele significa um ser totalmente iluminado. Se o branco está presente, ele em geral emanará da coroa da cabeça, e é um sinal de que a pessoa está recebendo inspiração de uma fonte espiritual superior. Quando isso acontece, a luz pura é atraída do cosmo e é filtrada pela aura, intensificando o seu brilho.

Como Restabelecer o Equilíbrio

Unir-se ao branco é uma maneira perfeita de purificar-se mental, física e espiritualmente. Concentre a atenção na respiração, como descrito na página 31, e em seguida, com a ajuda da imaginação, ligue-se à fonte mais elevada de energia espiritual. Com a ajuda da imagem na página oposta, visualize luz branca fluindo para o centro da coroa e passando por todos os chakras num raio reluzente de energia. A cada respiração, expanda essa luz branca para cada parte da aura. Finalmente, encerre a energia dentro de você mesmo visualizando uma faixa dourada envolvendo toda a aura.

Cura com o Branco

Quando você está totalmente desesperado, o branco pode dar-lhe energia e cura. Ele purifica os pensamentos, promove a reflexão serena e o ajuda a recuperar uma perspectiva mais ampla, mais saudável e espiritual. Isso significa que você pode aceitar acontecimentos que não consegue controlar, criando a convicção de que eles não conseguirão destruir o seu espírito.

CONTATO COM OS ESPÍRITOS

5

Você Poderia Ser um Xamã?

Grandes curandeiros e clarividentes, os xamãs encontram-se em muitas culturas, inclusive entre os grupos nativo americano e aborígine australiano. Os xamãs, em sua maioria, cruzam um portão para o "outro mundo" dos espíritos. Aqui eles podem falar com os seus ancestrais e receber ajuda. Os xamãs têm acesso a um espaço sagrado onde entram em transe, meditam e se ligam diretamente com a energia do planeta.

Se sentir uma afinidade singularmente estreita com plantas e animais, talvez você tenha uma tendência natural ao xamanismo. A ligação com o mundo natural pode capacitá-lo melhor a ajudar os que lhe são próximos. Você "saberá" o que é bom e o que é ruim para eles. Você pode reforçar esse vínculo com a natureza formando laços regulares com os espíritos das plantas, como vimos na página 58. Você também pode criar a sua própria versão de um espaço sagrado (ver abaixo). Entrar nesse santuário pode ser a primeira experiência de um encontro com o seu eu "real", com um novo senso de ligação com o mundo que o cerca. Xamanismo é tanto recorrer ao reservatório da sabedoria antiga quanto ir ao encontro do outro para ajudá-lo.

UM ESPAÇO SAGRADO

Para ter a sensação do que é ser xamã, crie o seu espaço sagrado. Desse espaço, entre em contato com a essência do seu mundo interior secreto, usando todos os sentidos

1 *Concentre-se na respiração, conforme descrito na página 23. Invoque a imagem de um espaço externo onde se sinta totalmente seguro e em paz consigo mesmo – pode ser uma praia, um bosque, a margem de um rio ou um cantinho preferido no jardim.*

2 *Durante a meditação, visualize-se nesse lugar seguro. Sinta o chão debaixo dos pés e o ar que o envolve. Abra todos os sentidos e explore a paisagem – pode haver árvores, flores, areia, rochas, vaporização cintilante da água do mar ou a corrente de um rio entre margens tomadas pela vegetação.*

3 *Absorva durante algum tempo o espírito desse lugar único, deixando que a atmosfera que o envolve impregne a sua pele.*

4 *Com a respiração como ponto de referência, inspire e fixe a imagem. Depois, ao expirar, deixe a imagem aumentar em intensidade e movimento, e veja as névoas formando-se e transfigurando-se em grandes ondas.*

5 *Quando se sentir em união perfeita com essa visão, retenha a imagem e em seguida deixe-se dissolver na névoa. Quando estiver pronto, volte ao mundo ordinário.*

6 *Repita essa sintonização freqüentemente até que se torne tão fácil quanto dar um passo para fora da porta. Com o tempo, o seu lugar sagrado assumirá vida própria – você será capaz de ver flores e árvores crescendo e de perceber todos os ciclos naturais da vida acontecendo.*

O CAMINHO ESPIRAL

Um xamã precisa trilhar o "caminho espiral", uma iniciação psíquica que possibilita vislumbrar os mistérios dos mundos interiores e exteriores. A caminhada no labirinto pode ser feita com o mesmo espírito para obter conhecimento pessoal.

A jornada para o centro

O caminho para dentro, serpeando para o centro ou coração, é a jornada do eu. Nela, a pessoa procura superar e vencer medos e sofrimentos, desenvolve a esperança e a alegria e enfrenta a sombra ou os lados negros da natureza humana. Só então a aceitação total de si mesmo se torna possível.

A direção da periferia

O caminho correspondente conduz para fora, para o mundo. É aqui que o xamã ou o indivíduo entra em contato com o planeta. O objetivo é encontrar os espíritos secretos em todas as coisas vivas e ver toda a "teia de ser" ligada por uma corrente de energia inesgotável.

União completa

Se completar essa jornada psíquica, você provavelmente terá encontrado aspectos negros do eu e possivelmente espíritos estranhos. A recompensa por concluir essa jornada psíquica é a experiência de "cair no prodigioso" – uma unidade com as energias vibrantes e infinitas do universo.

Contato com os Espíritos Que Partiram

Quando está totalmente absorvido pela vida diária, você talvez não tenha muito tempo e espaço para pensar profundamente sobre outros níveis de existência. Mas tudo isso pode mudar quando a morte atinge alguém que lhe é próximo; esse é o momento em que você pode começar a se perguntar o que acontece ao espírito humano depois da morte. A maioria dos sensitivos acredita que a alma das pessoas que morrem entram nos mundos astrais ou espirituais. Você já pode ter visitado esses planos durante um sonho astral ou uma viagem astral (ver página 72) e pode ter encontrado o espírito de alguém que conheceu e amou. Algumas pessoas dizem que isso aconteceu com elas em experiências de "quase-morte".

Uma visita ao mundo do espírito nem sempre é uma viagem "só de ida" – um espírito que partiu pode resolver voltar e visitá-lo. De fato, alguns sensitivos acreditam que não é possível "ordenar" que o espírito de uma pessoa volte; é o espírito que decide fazer contato. Muitas pessoas relatam que entraram em contato com entes queridos logo depois que estes morreram. Se isso acontece, você pode simplesmente aceitar o fato como algo natural, sem sentir a necessidade de aprofundar a questão.

Informações de quem sabe MÉDIUNS

O papel de um médium *é entrar em contato com o espírito de pessoas que morreram e que agora estão no mundo astral ou espiritual. Em geral, o médium faz isso em nome de pessoas que perderam alguém que lhes era próximo.*

O contato entre pessoas que se amam *pode ser muito confortador. Por exemplo, a pessoa que morreu pode ter ficado muito doente para expressar os sentimentos ou para despedir-se, e os parentes também talvez não tenham tido a oportunidade de um último encontro. É uma boa oportunidade para ambos atarem pontas soltas e resolverem alguma questão importante.*

Os médiuns se ligam aos espíritos *principalmente por intermédio de espíritos-guias que conhecem e em quem confiam. Os guias estabelecem o contato – mas só se os espíritos quiserem entrar em comunicação.*

O espírito de alguém que morreu *pode aparecer intensamente vivo ao médium, como se estivesse na mesma sala; ou o médium pode sentir a pessoa tão plenamente que consegue fazer uma descrição realista da pessoa. O médium também pode conversar com o espírito.*

Por outro lado, você pode sentir curiosidade sobre o que acontece depois da morte – pode inclusive sentir um desejo premente de entrar em contato com espíritos no nível astral. Nesse caso, é de fundamental importância procurar orientação com quem conhece. Mesmo que tenha um dom inato de entrar em contato com espíritos, você pode ser levado a áreas sutis e nebulosas que podem criar ilusões e enganos. Pesquise muito antes e consulte uma associação espiritualista séria, um médium treinado ou um grupo de desenvolvimento psíquico de renome.

Passos para a Mediunidade

Um grupo de desenvolvimento sob a supervisão de um médium ou instrutor competente é o ambiente que dá condições de se trabalhar sobre capacidades inatas.

O silêncio e a meditação serão usados para tornar as pessoas mais receptivas às correntes do mundo do espírito. O instrutor trabalhará com você para ajudá-lo a desenvolver os seus dons de clarividência (ver página 90), clariaudiência (audição de vozes) e clarissenciência (ver página 58) – todos eles importantes no momento em que você se dispõe a ser um canal de comunicação com os espíritos.

A TÁBUA OUIJA

Muitas pessoas tentam entrar em contato com espíritos que partiram com a ajuda de uma tábua ouija – esta é constituída de letras, números e um apontador móvel que emite mensagens em resposta a perguntas. Pode ser usada por uma pessoa ou um grupo. Embora seja geralmente considerado um "jogo" psíquico de passatempo, o ouija é uma experiência assustadora para algumas pessoas porque ele tende a atrair entidades inferiores. Sabe-se que essas perturbam e amedrontam as pessoas emitindo mensagens preocupantes – inclusive avisos de morte e perigos. O modo mais seguro de usar a tábua é invocar somente os espíritos superiores e benevolentes antes de fazer as perguntas. Oração e meditação antes de começar podem criar uma atmosfera propícia.

Em Contato com o Seu Espírito-Guia

Se você já se perguntou se é possível iniciar uma comunicação com um ser do mundo do espírito, a resposta é "sim" – mas em geral é mais fácil receber ajuda de um espírito-guia. Infelizmente, ao buscar, você pode se perder com muita facilidade. Conquanto os chefes dos nativos americanos, os irmãos cósmicos de galáxias distantes ou pessoas famosas da história tenham todos sido aclamados como os únicos e verdadeiros guias espirituais, a verdade tranqüilizadora é que um espírito-guia ou mentor não precisa projetar uma identidade específica. De fato, os mais eficientes são os menos "personalizados", e nem sequer têm nome. Essencialmente, a ausência de personalidade num guia é sinal de uma força verdadeiramente genuína. Espíritos-mentores autênticos nunca interferem nem intervêm na vida diária de ninguém. Nenhum ser benevolente lhe diria o que fazer. A função do guia é aconselhá-lo, incondicionalmente. Ele também pode ajudá-lo a fazer contato com o mundo do espírito, orientando-o com sabedoria e segurança.

Você pode unir-se seguramente a um espírito-guia como descrito na página oposta, desde que invoque essa orientação com confiança e boa vontade. Alternativamente, se acha que se sentiria mais à vontade fazendo isso com outras pessoas, escolha sempre um grupo de desenvolvimento psíquico de reconhecida seriedade e competência.

As suas mensagens são reais?

Um modo rápido de verificar se você está lidando com um espírito "autêntico" é ver se concorda com as seguintes afirmações:

Há uma sensação clara de amor e sabedoria.

Tiradas do contexto, as mensagens têm um significado geral.

As informações recebidas o inspiram e o levam a refletir.

Por outro lado, se a relação de afirmações abaixo reflete com maior exatidão as suas experiências, então não leve essa fonte a sério.

Quando as mensagens surgem, elas se referem a questões pessoais.

O guia tem um nome altissonante.

O guia lhe diz o que fazer.

Ele lhe disse que você é especial.

O guia diz que a mensagem dele é vital para salvar o mundo.

COMO RECEBER MENSAGENS

Faça o seguinte exercício para entrar em contato com o mundo do espírito. Peça a um amigo de confiança que grave as palavras que você recebe.

1 *Faça o exercício da página 23 para relaxar totalmente e respire normalmente até sentir-se equilibrado.*

2 *Invoque intensamente o seu desejo de ligar-se às forças superiores do bem pela meditação invocativa. Peça ajuda para fazer uma ligação clara com o seu espírito-guia.*

3 *Visualize o seu chakra da coroa (ver página 29) abrindo-se como um funil de pura luz e eleve a sua consciência o mais alto que puder. Agora eleve-a um pouco mais e em seguida mais ainda.*

4 *Visualize-se envolvido da cabeça aos pés numa coluna de pura luz. Você pode perceber que palavras invadem sua cabeça vindas não se sabe de onde.*

5 *Diga essas palavras em voz alta à medida que lhe chegam. Se perceber que a atenção se dispersou, você rompeu a ligação. Você pode tentar voltar à comunicação por si mesmo ou pode parar e tentar novamente em outro momento.*

6 *Volte ao seu estado normal de consciência visualizando uma raiz principal de energia penetrando em direção ao núcleo interior da terra.*

7 *Absorva essa energia, sentindo segurança profunda e prazer de estar na sua existência física.*

Mensagens do Além

Em ocasiões de crise aguda ou traumática, você pode ter dado um grito desesperado, mas inconsciente, em direção ao universo, suplicando por uma solução ao seu dilema. Às vezes, esses pedidos de socorro provocam uma resposta; ela pode chegar na forma de um sonho ou por meio de algum acontecimento que acaba se transformando numa solução "mandada do céu". Isso acontece porque, sem saber, você chegou a uma forma de comunicação pura com os poderes superiores.

Não necessariamente se exige fé para recorrer a esses poderes; a capacidade de ser verdadeiro para com o seu eu interior e de permanecer aberto a todas as fontes de ajuda tem o mesmo valor. Além disso, a simples inspiração pode levar ao âmago de muitas dificuldades, embora freqüentemente signifique mudar de perspectiva.

APENAS PERGUNTE!

Ao procurar orientação divina, sempre saiba exatamente o que você quer.

1 *Concentre-se na essência da pergunta e formule-a da forma mais simples possível. Isso ajuda a produzir um resultado positivo.*

2 *Se possível, escolha uma noite em que a lua está na fase crescente. Contemple o firmamento noturno em toda a sua grandiosidade e então envie a sua pergunta para as forças orientadoras dos céus.*

Quando você se debate com um dilema que o põe à prova até as últimas conseqüências, cada nervo do seu corpo fica tenso. Ironicamente, essa tensão também pode deixá-lo menos receptivo às formas sutis em que as mensagens são emitidas. Tente manter parte da sua mente relaxada e aberta, de modo a ter espaço mental para sentir o significado oculto por trás das palavras ou frases estranhas que chegam "sem mais nem menos". As respostas tendem a esgueirar-se em sua mente quando você está envolvido em tarefas mundanas, como escovando os dentes ou dirigindo o carro. Muitas vezes, você pode estar mais aberto à inspiração quando está fisicamente ocupado. Quando aprender a manter uma mente aberta, você perceberá sinais prontamente e confiará no que recebe.

3 *Se você sonhar nessa noite, e se lembrar do sonho ao acordar, registre-o em detalhes no seu diário psíquico. Essa pode ser a resposta.*

4 *Como alternativa, registre todo vislumbre que surgir; ele certamente deve provir de uma fonte superior de intuição. Aceite essas mensagens sem analisá-las em demasia, mesmo que não façam sentido. Com o tempo o significado se tornará claro.*

COMO OUVIR

Mensagens chegam do além numa variedade de modos. Os que seguem são apenas alguns exemplos.

Palavras-chave

Aos poucos você se dá conta de que uma determinada palavra fica aparecendo o tempo todo – na manchete de um jornal, num pôster, num anúncio da TV, numa placa de trânsito, numa sacola de compras. Logo que perceber isso, o sentido dessa palavra ficará claro.

Imagens

Como acontece com as mensagens verbais, de repente você se surpreenderá vendo a mesma imagem repetidas vezes. Pode ser algo tão simples como uma seta apontando numa direção. No momento em que reconhecer isso, você saberá o que a mensagem está dizendo.

Inspiração

Você pode se sentir impelido a dar um salto intuitivo no escuro e alcançar um determinado item entre muitos – um biscoito da sorte, uma runa, uma carta de jogar ou de tarô. O que você descobrir, aí estará a sua resposta.

Coincidência

Às vezes a mensagem parece cair na sua frente vinda do céu caminhando, você vê alguma coisa na calçada. Pode ser a pena de um pássaro, uma moeda ou uma flor jogada fora. Ao pegar o objeto, a sua mente reconhece a mensagem que está sendo enviada.

Como Comunicar-se com os Anjos

Você está rodeado por inumeráveis seres angelicais que agem como mensageiros entre a terra e o céu e o ligam com o bem maior. O mais conhecido desses é o seu anjo da guarda, o ser protetor que o acompanha na sua vida desde o momento do nascimento (ver página 160). Entretanto, uma hoste de diferentes anjos é responsável pela entrega das mensagens de mudança de vida que servem de lumes no meio da escuridão e oferecem orientação, cura e proteção superiores.

Você pode ter vivido dia após dia sem um senso específico de propósito, descuidado desses anjos poderosos especialmente interessados no seu destino pessoal. Eles podem ver o caminho que você precisa seguir para a sua realização espiritual definitiva; além disso, se souber como "perguntar", eles o ajudarão a encontrar o caminho e o reconduzirão às suas raízes espirituais.

Sabe-se que os anjos preferem atmosferas silenciosas, espiritualizadas; com isso presente, reserve um lugar especial na sua casa e introduza alguns dos elementos descritos abaixo. Idealmente, esse será também o seu espaço para meditação diária.

Os anjos sempre agem com espírito de amor incondicional – incessantemente, eles o encaminharão para o seu verdadeiro destino, estimulando a sua mente e a sua imaginação, aguçando a sua percepção do mundo e amparando a sua tendência a fazer o bem. Eles também podem inspirar-lhe vislumbres fascinantes – e um senso de verdadeira iluminação que intensificará a sua criatividade psíquica.

UMA ATMOSFERA ACOLHEDORA
As *qualidades que mais atraem os anjos incluem:*

Calma
A meditação regular lhe dá serenidade interior e paz, qualidades essas que passam a impregnar o espaço que o envolve.

Vela
Acenda uma vela todos os dias – a chama contínua atrairá uma luminosidade suave e delicada para a sua vida.

Asseio
Conserve o seu espaço de meditação sempre limpo e livre de desordem.

Simplicidade
Mantenha o espaço sóbrio e organizado.

Alegria
O que o deixa feliz?
Música, um quadro ou uma concha bonita? Use e usufrua essas coisas no seu espaço de meditação – os anjos gostam de alegria e diz-se que dançam às vibrações do seu riso.

Muitas pessoas já viram anjos – em geral em situações de grande crise. Uma das visões mais famosas foi testemunhada por soldados no campo de batalha em Mons, na França, durante a Primeira Guerra Mundial. No meio de uma carnificina, um ser gigantesco e radiante apareceu, dando consolo e amor aos feridos e moribundos; era o lendário Anjo de Mons.

Há vários fatores comuns nas descrições de visões de anjos: o impacto maior é o de uma presença alta e brilhante, tão resplandecente a ponto de ofuscar os olhos. As torrentes de luz que se irradiam desses seres andrógenos parecem ter a forma de asas, e a projeção emocional é de grande força, segurança e profundo amor. Forças angelicais raramente falam em palavras, mas as mensagens que trazem penetram diretamente na consciência humana e são claramente compreendidas.

Você pode recorrer aos arcanjos, pedindo orientação, em qualquer momento da vida, mesmo que nunca veja nenhum deles. Você precisa saber como perguntar, porém, e isso significa ter clareza sobre o que não está bem na sua vida. Você pode se sentir extraviado na carreira ou nos relacionamentos, ou pode estar sempre agitado e sem paz interior. Dedique algum tempo para relacionar essas preocupações com as diferentes forças oferecidas pelos diversos arcanjos – eles são os mensageiros que lhe darão a resposta mais direta aos problemas. Esvazie a mente e componha os seus pensamentos no diário psíquico; e confie que a sua intuição o levará ao anjo que mais adequadamente pode ajudá-lo nesse momento da sua vida. Em seguida, dirija-se ao seu anjo escolhido pelos caminhos aqui sugeridos – a meditação e a oração.

OS ARCANJOS

Gabriel

Mensageiro do consolo divino, Gabriel representa o poder feminino. Gabriel anuncia o nascimento de Cristo e, segundo os muçulmanos, é o mensageiro que ditou o Alcorão. Invoque este anjo no caso de problemas de fertilidade; ele também traz notícias.

Metatron

Este escriba celeste tem muitos olhos e registra tudo o que acontece; a sua tarefa principal é reunir princípios masculinos e femininos. O seu nome significa "mentor" e é o anjo a invocar quando você procura ensinamentos e orientações espirituais.

Miguel

Com a sua poderosa espada da verdade, Miguel representa a justiça, levantando-se em defesa dos fracos e oprimidos. Nos seus piores momentos, peça-lhe que o cumule de coragem, perseverança e integridade. Ele o ajudará a derrotar todo elemento aterrador que ronde a sua vida.

Rafael

Recorra a Rafael quando se sentir doente; ele lhe trará uma energia profundamente regeneradora que pode restabelecer-lhe a saúde.

Raquel

Anjo da conduta ética, Raquel acompanha todos os aspectos do comportamento. Invoque-o quando está buscando justiça e o curso de ação correto – ele o ajudará a fazer essas escolhas difíceis na sua vida.

Saraquel

Este é o professor de Moisés – um anjo caído que se arrependeu. Caso sinta que praticou algum mal e procura o perdão, dirija-se a ele para recuperar a paz de espírito.

Uriel

Anjo da iluminação e defensor do ensinamento moral, a Uriel não escapa nada, sendo um porteiro inflexível. A energia de Uriel é intransigente; ele sempre dirá "exatamente como as coisas são". Recorra a ele quando se sentir mentalmente abatido e confuso.

MEDITAÇÃO DO ANJO

Dê condições a que o seu anjo lhe traga mensagens no silêncio da meditação.

1 *Concentre-se na respiração, conforme descrito na página 23, e torne-se perfeitamente sereno e silencioso interiormente. Se quiser, segure a imagem do arcanjo escolhido ou um cartão com o nome dele.*

2 *Agora desloque a atenção para o chakra do coração e abra-se completa e confiantemente para a presença amorosa do arcanjo.*

3 *Possibilite que toda forma de comunicação do anjo entre em sua consciência livremente; aceite, confie e absorva o que você recebe no espírito de verdade.*

4 *Mantenha-se em contato silencioso com o anjo até sentir que assimilou completamente a orientação dele em todas as camadas do seu ser; em seguida, volte ao seu estado normal de consciência.*

RECORRA AO SEU ANJO

Fale com o seu anjo com palavras simples vindas do coração.

1 *Escolha o anjo que mais pode ajudá-lo – por exemplo, se você está se sentindo intimidado ou maltratado por um chefe ou supervisor, Miguel pode ajudá-lo. Pense em como você falaria a um amigo de confiança quando pedisse um conselho e em seguida imagine que está se dirigindo a Miguel da mesma maneira. Escreva uma breve carta.*

2 *Por exemplo, você poderia dizer, "Caro Miguel, estou muito assustado e inseguro o tempo todo. Deixo as pessoas pisarem em mim e perdi toda a confiança em mim mesmo. Por favor, ajuda-me a encontrar as minhas forças interiores e protege-me de todos os meus medos. Obrigado por saber pelo que estou passando e por*

dispor-se a defender pessoas como eu que perderam a coragem. A sensação de que estás sempre ao meu lado é realmente confortadora".

3 *Na hora de dormir, acalme os pensamentos e confie que o seu anjo está pronto para vir a você. Então faça a sua oração em silêncio ou em voz alta, sabendo que as suas palavras estão sendo ouvidas e compreendidas.*

4 *Uma boa noite de sono, e acordando descansado e confiante, pode ser um sinal de que a sua oração foi ouvida. Além disso, você pode sempre "pedir" uma resposta mais concreta (ver acima).*

Você Consegue Identificar Diferentes Espíritos?

Você já encontrou um fantasma? Os que passaram por essa experiência descrevem sensações muito semelhantes: a sensação súbita de frio extremo, um cheiro desagradável e uma impressão evidente de que alguma coisa está muito errada. Uma forma fantasmática é simplesmente uma manifestação não-física de alguém que está morto. Muitas casas antigas são consideradas assombradas. Um exemplo pode ser uma presença espectral que sobe ou desce as escadas em certas ocasiões. Seres assim são espíritos presos à terra; eles não conseguiram passar para o mundo astral ou do espírito porque, por alguma razão, não conseguem deixar a casa onde sempre moraram. Há algumas evidências de que podem ser ajudados a ir além (ver abaixo).

Um *poltergeist*, ou "espírito barulhento", é outra coisa bem diferente. Ele se propõe a todo tipo de maldades, jogando objetos de um lado para outro, quebrando coisas e fazendo ruídos ensurdecedores e violentos. Ele certamente quer ser percebido, enquanto os fantasmas geralmente são tímidos e esquivos.

As evidências mais recentes sugerem que, longe de ser uma presença do plano astral, um *poltergeist* pode ser a manifestação de uma energia desordenada de uma pessoa viva. Um *poltergeist* aparece freqüentemente na casa de uma pessoa jovem emocionalmente perturbada; essa pessoa pode estar totalmente inconsciente de ter qualquer ligação com os misteriosos ruídos e atividade. Felizmente, depois de descobertos e tratados problemas ocultos, o *poltergeist* em geral desaparece.

COMO LIBERTAR UM FANTASMA

Para resgatar um ser preso à terra é necessário grande amor, e destemor.

1 *Concentrado na respiração, medite sobre a unidade da vida, como descrito na página 23. Saiba que, ao respirar, todas as coisas respiram junto.*

2 *Leve a atenção para o chakra do coração e visualize-o abrindo-se como um botão enorme, aquecendo-se ao sol. Com cada inspiração, dirija o calor do sol e a energia de cura para o âmago das suas células, para o núcleo do seu ser.*

3 *Com cada expiração, partilhe esse calor com tudo o que o cerca, sem exceção.*

4 *Agora peça às forças angelicais do amor que venham a você; acolha-as no seu coração. Sinta-as reparando e curando a sua aura, envolvendo-o num poderoso campo de energia de proteção e força.*

5 *Nesse ponto você pode comunicar-se com a energia do fantasma ou do*

espírito; se sente que o momento é oportuno, sugira amorosamente que ele vá para os reinos de luz.

6 *O espírito só responderá positivamente a esse convite à liberdade se você mesmo estiver completamente livre de medos. Se tiver alguma dúvida, por menor que seja, não interfira; você nunca deve abordar um espírito sozinho e sem fortalecer-se previamente.*

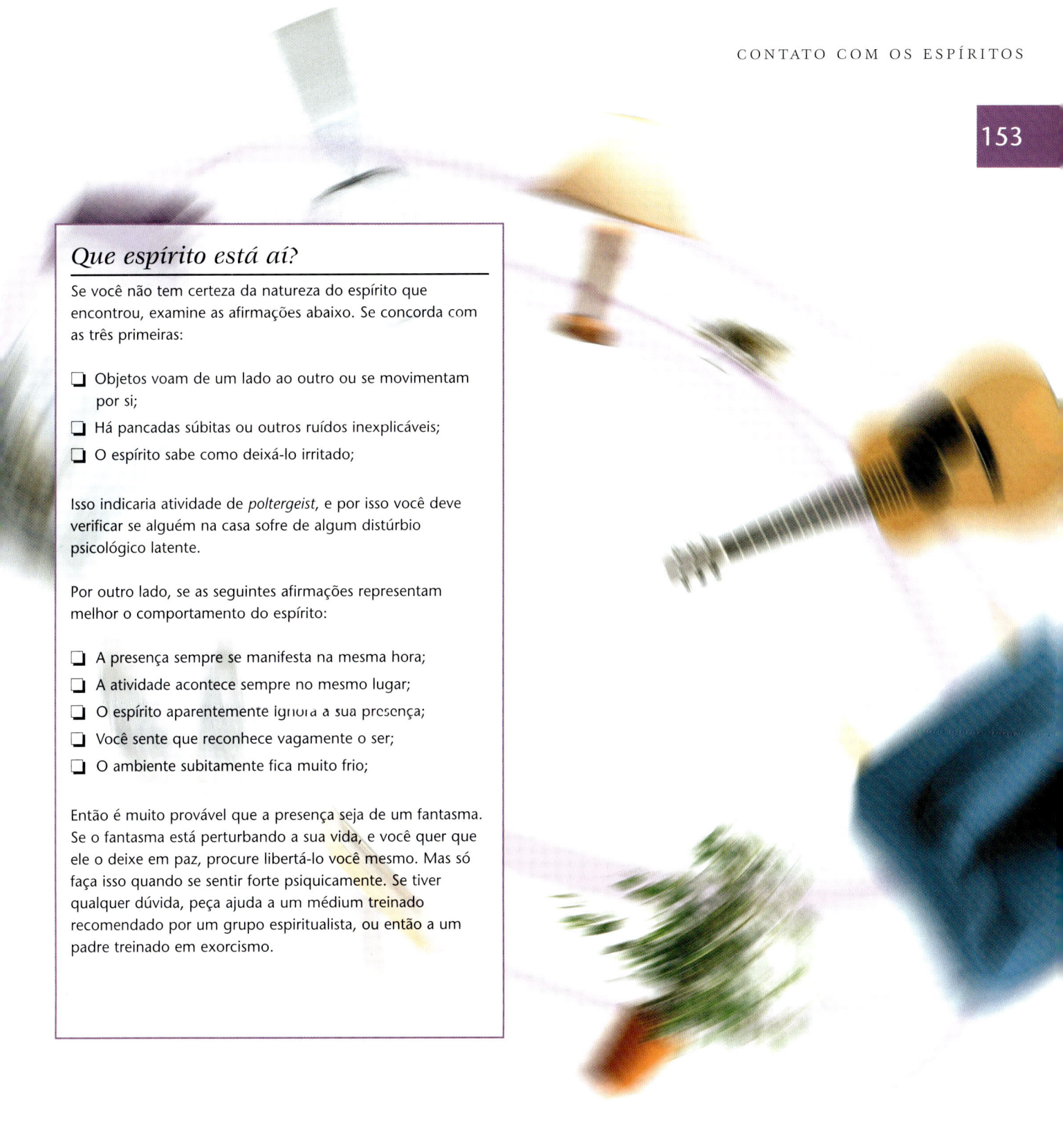

Que espírito está aí?

Se você não tem certeza da natureza do espírito que encontrou, examine as afirmações abaixo. Se concorda com as três primeiras:

❏ Objetos voam de um lado ao outro ou se movimentam por si;

❏ Há pancadas súbitas ou outros ruídos inexplicáveis;

❏ O espírito sabe como deixá-lo irritado;

Isso indicaria atividade de *poltergeist*, e por isso você deve verificar se alguém na casa sofre de algum distúrbio psicológico latente.

Por outro lado, se as seguintes afirmações representam melhor o comportamento do espírito:

❏ A presença sempre se manifesta na mesma hora;

❏ A atividade acontece sempre no mesmo lugar;

❏ O espírito aparentemente ignora a sua presença;

❏ Você sente que reconhece vagamente o ser;

❏ O ambiente subitamente fica muito frio;

Então é muito provável que a presença seja de um fantasma. Se o fantasma está perturbando a sua vida, e você quer que ele o deixe em paz, procure libertá-lo você mesmo. Mas só faça isso quando se sentir forte psiquicamente. Se tiver qualquer dúvida, peça ajuda a um médium treinado recomendado por um grupo espiritualista, ou então a um padre treinado em exorcismo.

PROTEÇÃO PSÍQUICA

6

A Sua Aura é Forte?

Ao equilibrar os chakras como descrito na página 31, você fortalece a aura porque ativa níveis de energia pura que estão no âmago do seu ser. Como resultado, a harmonia reconstituída de mente, corpo e espírito se reflete numa aura forte, clara e brilhante. Isso mostra que você tem energia psíquica para viver a vida plenamente e que irradia um fulgor quase tangível de segurança e confiança interior. Infelizmente, porém, essa força não se manterá se você não corrigir os traços negativos e os desequilíbrios de caráter – a aura voltará fatalmente à condição de fraqueza e enfermidade.

A cura psíquica e a intuição aperfeiçoada podem certamente transformar a sua vida – mas só você pode desenvolver o processo. Faça isso aumentando a sua reserva de autoconhecimento; faça anotações regulares no diário psíquico, reconhecendo e aceitando forças e fraquezas com imparcialidade e bom humor. Procure corrigir os hábitos negativos, mas ainda mais importante, aproveite todas as

---

Você é forte?

Leia as perguntas abaixo e assinale as que têm relação com você.

Quando tem um desentendimento com alguém, você elimina os sentimentos negativos em:

❏ **a** Poucos minutos.
❏ **b** 24 horas.
❏ **c** Vários dias ou mesmo semanas.

Quando fala com alguém que está triste ou angustiado, você:

❏ **a** Mantém o equilíbrio.
❏ **b** Deixa que o sofrimento da pessoa o afete.
❏ **c** Sente-se exaurido posteriormente.

Quando visita um amigo que está doente ou hospitalizado, você:

❏ **a** Sabe que leva com você uma atmosfera positiva.
❏ **b** Sente-se ligeiramente constrangido perto de um doente.
❏ **c** Se sente mal.

Quando alguém o cumprimenta, você:

❏ **a** Diz "Obrigado!" mas dá pouca atenção.
❏ **b** Sente-se embaraçado e devolve o cumprimento.
❏ **c** Sente um enorme prazer e conta a todo mundo.

Se alguém o critica, você:

❏ **a** Reconhece que há uma certa verdade na crítica e procura corrigir as deficiências apontadas pelos comentários.
❏ **b** Retruca com palavras negativas.
❏ **c** Passa dias ou mesmo semanas pensando no assunto.

oportunidades para mudar a vida para melhor, em vez de fingir que não tem problemas.

Entretanto, por mais que você procure proteger a aura com tratamentos, visualizações e exercícios para equilibrá-la, pontos fracos persistentes sempre se revelarão. Você pode identificar alguns desses pontos respondendo às perguntas abaixo; persevere – aí também você descobrirá qualidades positivas.

Se você assinalou...

❑ **Principalmente a letra a**

Você está bem centrado na própria energia – essa é uma boa base para conservar a saúde psíquica.

❑ **Principalmente a letra b**

Você reage naturalmente às impressões que recebe e é muito simpático, mas precisa desenvolver um senso mais forte de autonomia. Visualizações e meditação podem ajudá-lo nisso.

❑ **Principalmente a letra c**

Diante das opiniões e dos estados de espírito de outras pessoas, você se abala facilmente e perde o equilíbrio. Procure ajuda e um tratamento adequado para restabelecer o equilíbrio interior.

Ação de emergência

Por mais vigoroso que você seja normalmente, as situações podem subitamente transtornar os seus recursos interiores. Veja três exemplos de como sair de dificuldades.

Numa conversa com um amigo angustiado, você percebe que à medida que ele começa a se sentir melhor, você vai ficando completamente esgotado. É fácil corrigir isso: apenas cruze os braços diante do plexo solar – a energia psíquica deixará de "vazar".

Você pode inesperadamente se surpreender numa situação ameaçadora, por exemplo, quando está caminhando sozinho à noite. Se isso acontecer, visualize uma luz dourada intensa envolvendo-o. Freqüentemente isso o torna invisível aos outros.

Se você vive uma situação difícil com alguém – pai ou mãe, filho ou colega, por exemplo – visualize-se numa bolha transparente de luz branca. Fique alguns minutos simplesmente se sentindo bem e feliz dentro dela. Depois, forme na mente a imagem da pessoa com quem você está tendo problemas. Imagine essa pessoa dentro da própria bolha de luz dela. Desenhe um oito unindo as duas bolhas; em seguida visualize um corte que separa as duas bolhas e observe a bolha da pessoa pairando no ar e afastando-se. Faça esse exercício numa atitude de desapego. Corretamente realizado, este é um recurso curativo de grande efeito.

Amuletos e Talismãs

Você tem algum mascote especial que o faz sentir-se seguro e forte ou que sempre lhe traz sorte? Se a resposta for afirmativa, você faz parte de uma tradição psíquica tão antiga quanto a própria humanidade. Essa tradição ensina que certos objetos são dotados de forças muito poderosas ou que podem ser usados com objetivos específicos.

Objetos assim se classificam em dois grupos – amuletos e talismãs – mas eles lhe dão força psíquica extra de diferentes maneiras. Um amuleto é protetor na ação que exerce e desvia influências maléficas que poderiam afetar o seu dono; seu objetivo tradicional é afastar o "mau olhado", a expressão comum usada quando alguém lhe dirige energia negativa.

Os amuletos podem repelir o perigo, mas não necessariamente atraem sorte. Essa é a função do talismã – um objeto especial com o poder de lhe trazer boa fortuna. Braceletes com essa característica são muito populares atualmente, pois dão a quem os usa condições de reunir uma série de minúsculos objetos, alguns como amuletos.

A melhor forma de se proteger de energias negativas é manter a aura forte e saudável como descrito na página 156. Mas caso se sinta intuitivamente atraído por um objeto porque ele lhe traz bem-estar, siga os seus instintos. Tenha o seu mascote sempre junto de você; use-o numa corrente ao redor do pescoço, num chaveiro, pendurado no carro ou leve-o escondido na bolsa ou na carteira. O seu mascote lhe dará segurança e uma sensação maior de boa sorte e proteção.

"Abracadabra" *Usada pelos mágicos do mundo inteiro, esta é uma das fórmulas mágicas mais antigas. Ela significa "Pronuncie a bênção". Escrita num pedaço de seda e usada ao redor do pescoço, ela afasta doenças.*

Aranha *Talismã de sucesso nos negócios e questões financeiras, aranhas eram colocadas dentro de nozes nos tempos medievais, que então eram usadas em torno do pescoço para proteger o portador contra doenças.*

Chave *Usada pelos gregos e romanos para trazer sorte, aguçar as previsões e aperfeiçoar o julgamento, chaves representam o deus Jano, sentinela do portão do céu e guardião de todas as portas. Jano tinha duas faces, o que lhe dava condições de ver o passado e o futuro. Os japoneses usam a chave para atrair riqueza, amor e felicidade.*

Contas *Contas de olho de vidro representam a divindade que "tudo vê" que afasta os perigos.*

Coração *Este é geralmente usado para atrair amor e alegria. Antigamente, porém, um amuleto de coração era usado para impedir que conjuros maléficos afetassem o portador.*

Cordeiro *Emblema cristão do Redentor, o cordeiro carregando cruz e bandeira é usado como proteção contra acidentes, tempestades e doenças.*

Cruzes –
Ankh ou cruz ansada *Teve origem no Egito e simboliza vida e imortalidade.*
Cruz de Santo André *Tradicionalmente usada como poderoso amuleto contra más influências.*
Cruz grega ou Cruz de São Bento *As duas expulsam espíritos maus com a ordem "Retira-te e põe-te atrás de mim, Satanás".*
Cruz romana *Foi um poderoso amuleto protetor muito antes do cristianismo.*
Cruz Tau *Em forma de "T", é usada para proteção contra doenças, como epilepsia. Simboliza a vida eterna e também protege o espírito.*

Dentes *Na China, o dente do tigre é considerado um talismã precioso pelas pessoas que jogam ou especulam. Na Rússia, réplicas de dentes são usadas como amuletos para proteger crianças de más influências e doenças.*

Dragão *Geralmente usados para promover a paz e a felicidade, dragões também ajudam o usuário a vencer inimigos na guerra – você precisa decidir como usar o poder dele.*

Escaravelho *Este antigo talismã egípcio simboliza a criação e a ressurreição, e atrai saúde física, espiritual e mental. Também age como proteção contra más influências na jornada do plano físico para o espiritual.*

Ferradura *Os antigos gregos e romanos usavam a ferradura para atrair riqueza e felicidade para o lar. Para ser eficaz, a ferradura precisa ser pregada na porta da casa com a parte arredondada apontada para cima.*

Fúrcula ou ossinho da sorte *Este conhecido talismã lhe traz boa sorte e lhe dá condições de realizar os sonhos.*

Gato *Os antigos egípcios acreditavam que os gatos eram sagrados e representavam a lua. Popularmente, gatos pretos trazem sorte, mas algumas pessoas os temem. Só você pode saber se um mascote gato lhe será benéfico, por isso confie na sua intuição.*

Lagarto *Pintado no exterior de casas, o lagarto traz boa sorte. Também favorece uma boa visão e inspira sabedoria.*

Lótus *Este traz boa sorte e também é usado na Índia como amuleto para proteger contra doenças e acidentes. A flor representa Lakshmi, a deusa da beleza e da fortuna. Os egípcios viam o lótus como emblema do sol, e acreditavam que ele promovia clareza de pensamento e sabedoria.*

Moeda *Tradicionalmente, é de prata, mas se for a adequada para você, o humilde centavo lhe trará saúde e riqueza.*

Pavão *As penas atrairiam má sorte por representarem mau olhado. Mas a ave em si é auspiciosa e representa o triunfo da vida eterna sobre a morte.*

Pé de coelho *Relacionado com a fertilidade e a velocidade, este talismã da sorte lhe traz riquezas.*

Peixe *Símbolo do cristianismo primitivo, o peixe atrai abundância e riquezas, e representa criação e fertilidade.*

Pena branca *Este talismã céltico tem o poder de trazer o verdadeiro amor para o usuário.*

Rã *Talismã para riqueza, fertilidade, saúde e vida longa, deve ser usado por pessoas que se amam para assegurar um relacionamento feliz, alimentado por uma paixão mútua e fidelidade.*

Selo de Salomão *Também conhecido como Estrela de Davi. Simboliza o fogo do masculino e a água do feminino em união harmoniosa. Os triângulos cruzados também representam ar e terra. O selo tem seis pontas, com uma sétima invisível representando a transformação espiritual, refletida no olho interior do mago, do vidente, do sacerdote ou da sacerdotisa.*

Tartaruga *Símbolo da terra, protege contra conjuros e vários espíritos maléficos.*

Trevo de quatro folhas (também de três) *São plantas muito auspiciosas, famosas por trazerem sorte, quer em dinheiro, jogo, ou amor.*

Uniforme *Qualquer pedaço de roupa pode trazer sorte ao usuário – especialmente em esportes competitivos. Jogadores de futebol freqüentemente têm as meias "da sorte", e alguns jogadores de tênis usam a mesma camiseta durante um campeonato inteiro.*

O Seu Anjo da Guarda

No instante mesmo em que nasceu, você recebeu automaticamente uma fonte poderosa de proteção psíquica – o seu anjo da guarda. Muitos sensitivos acreditam que o mesmo ser protetor o acompanha ao longo de muitas existências, zelando por você durante toda a jornada da sua alma rumo à iluminação espiritual.

No dia-a-dia, o seu anjo da guarda está atento a você o tempo inteiro e age como um "restaurador invisível", constantemente consertando e tratando de áreas sutis lesadas na sua aura. Essa presença espiritual amorosa também o protege enquanto você dorme e repele forças negativas.

Você pode não ter consciência de que tem um anjo da guarda até acontecer alguma coisa que o põe em contato com ele – geralmente num momento de crise emocional. Quando isso ocorre, a experiência é inesquecível; ela é o reconhecimento intuitivo profundo do amor incondicional.

Ela pode também ser o primeiro passo no aprendizado da comunicação com o anjo da guarda em bases positivas. Entretanto, isso exige colaboração inteligente da sua parte; o seu anjo certamente o guiará, curará e protegerá, mas isso não significa que você possa evitar assumir a responsabilidade por suas ações.

Orientações para comunicação

Reconheça a presença do seu anjo acolhendo-o com palavras e ações.

Reserve regularmente um tempo para comunicar-se com o anjo da guarda – muitas pessoas fazem isso à noite antes de dormir.

Sempre peça ajuda em termos simples e claros.

Se você sofre com pesadelos ou sentimentos negativos, peça ao anjo da guarda que o proteja.

Esteja sempre aberto às mensagens do seu anjo, especialmente se sente que está sendo avisado de algum perigo.

Não seja displicente com a sua segurança pessoal – o seu anjo está presente para protegê-lo, mas não pode desconsiderar o seu livre-arbítrio.

INVOCAÇÃO DO SEU ANJO DA GUARDA

1 *Concentre-se na respiração até relaxar completamente, como descrito na página 23.*

2 *Respirando suavemente para o chakra do coração, peça ao seu anjo da guarda que se aproxime e se dê a conhecer.*

3 *Deixe que o anjo o envolva com energia de cura e sinta-se envolvido por asas delicadamente acariciadoras.*

4 *Relaxe completamente nesse aconchego e peça a ajuda que precisar.*

5 *Absorva calmamente a energia responsiva até se sentir totalmente satisfeito. Embora o anjo não precise de agradecimentos, você sentirá uma necessidade muito forte de expressar gratidão.*

6 *Volte ao seu estado normal de consciência física e leve com você o senso de amor incondicional para o restante do dia.*

CONSCIÊNCIA SUPERIOR

7

O Caminho Místico

O misticismo – em que a pessoa tem como meta chegar à experiência intuitiva direta do divino – existe em todas as grandes religiões e também fora delas na forma de práticas espirituais pessoais. Não é um caminho espiritual fácil. O místico precisa em primeiro lugar descobrir o seu eu "real" para então poder fazer contato direto com a divindade – a fonte última e eterna do amor.

Se quer se tornar um místico, você precisa trabalhar para dissolver todos os traços de personalidade que obscurecem o seu verdadeiro eu. Esses são os intricados "véus da ilusão", "máscaras" ou "capas" que você usa para esconder a sua identidade interior, e todos eles podem interpor-se no caminho da conquista da comunicação espiritual pura.

A melhor maneira de transpor essa barreira é a prática da honestidade e da meditação regular (ver página 23); isso o ajudará a encarar quem você realmente é; um verdadeiro conhecimento do seu eu real é freqüentemente considerado a forma mais elevada de intuição. A meditação pode não lhe trazer iluminação plena, mas pode dar-lhe uma direção interior autêntica – e oferece-lhe um modo mais inspirador de compreender a existência. Uma atitude de introversão o ajuda a entrar em contato com as forças universais do cosmo. Quando isso acontece, você encontra uma paz sublime por vivenciar a unidade mística de toda a vida; você compreende que tudo está inextricavelmente ligado e que você é uma gota viva no oceano infinito da criação. Isso aponta para uma verdade maravilhosa que brilha através de todas as coisas vivas e que inspira um sentimento singular de amor e assombro.

Você é um místico natural?

Reflita sobre as perguntas a seguir e assinale as que recebem a sua resposta afirmativa. No fim, totalize as assinaladas.

❏ Às vezes você "sabe" exatamente o que fazer?

❏ Você está ativamente envolvido no autodesenvolvimento psíquico?

❏ Você procura a verdade?

❏ Você já sentiu que todos os seres humanos estão de algum modo interligados?

❏ Mesmo em tempos de grande sucesso material, ou depois de alcançar um objetivo há muito perseguido, você sente que isso não é tudo o que a vida tem a oferecer?

❏ Você tem forças para defender aquilo em que acredita, mesmo que se oponha a alguma outra pessoa?

❏ Você é capaz de tomar uma direção diferente da seguida por seu grupo/família/colegas, se essa lhe parecer a direção certa?

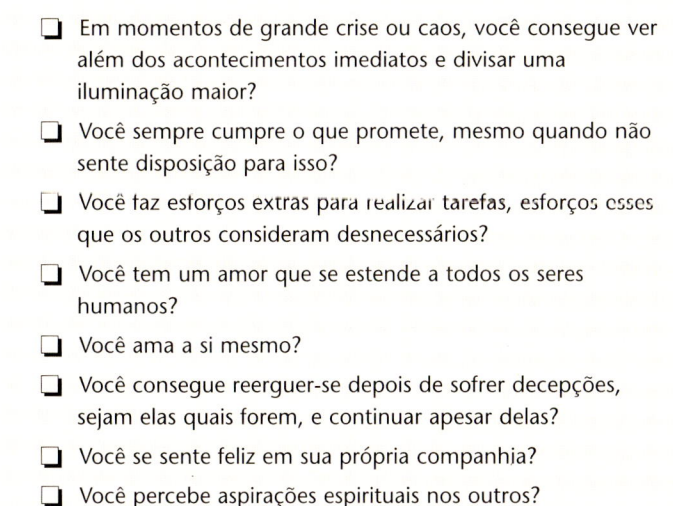

❏ Em momentos de grande crise ou caos, você consegue ver além dos acontecimentos imediatos e divisar uma iluminação maior?

❏ Você sempre cumpre o que promete, mesmo quando não sente disposição para isso?

❏ Você faz esforços extras para realizar tarefas, esforços esses que os outros consideram desnecessários?

❏ Você tem um amor que se estende a todos os seres humanos?

❏ Você ama a si mesmo?

❏ Você consegue reerguer-se depois de sofrer decepções, sejam elas quais forem, e continuar apesar delas?

❏ Você se sente feliz em sua própria companhia?

❏ Você percebe aspirações espirituais nos outros?

Avaliação

❏ **2-3**
Mesmo que tenha assinalado só 2 ou 3 quadrículas, você já tem alguns traços místicos.

❏ **4-10**
Você está a caminho de um destino espiritual, mesmo que não se dê conta disso neste momento.

❏ **11-15**
Você está conscientemente a caminho da união mística com a verdade última e a iluminação espiritual.

Qual é o Seu Karma?

Até certo ponto compreendido como destino, o karma é algo que podemos influenciar. A lei do karma diz que todo pensamento e sentimento que você dirige aos outros, em qualquer momento, reagirá sobre você na mesma medida. O nosso karma evolui ao longo de muitas vidas passadas, mas opera também no aqui e agora – em cada segundo da existência. Você é o resultado de todas as suas experiências vividas em todas as suas existências, e isso se reflete na sua vida atual. Significa que você é totalmente responsável por suas ações, e que pode fazer a escolha de mudar o seu karma para melhor em qualquer momento da vida.

A sua alma é a sua verdadeira essência, e cada encarnação lhe dá oportunidade de experimentar, aprender e crescer num corpo físico diferente. Desse modo, você pode perceber as leis cármicas de causa e efeito ao longo de várias existências, circunstâncias e situações. O karma é oniabrangente e poderoso, mas é também justo e compassivo; você não consegue escapar das lições inexoráveis que ele tem a lhe ensinar, mas ele é uma força que atrai exatamente o que você precisa para que a sua alma evolua.

Assim, o que quer que esteja acontecendo em sua vida, bom ou ruim, considere como cada evento se relaciona com o seu destino cármico: desse ponto de vista, é impossível estar no lugar errado na hora errada.

Retribuição Imediata

Certo dia, depois de girar e girar, localizei uma vaga para estacionar e avancei um pouco para entrar de ré. Então, surgindo sabe-se de onde, outro carro ocupou o meu espaço. Fiquei realmente furiosa e disparei uma rajada de maus pensamentos contra o motorista. Dei-me conta imediatamente de que havia projetado uma energia muito destrutiva, e por isso procurei recuperá-la da melhor maneira possível.

No dia seguinte, enquanto estacionava em outra parte da cidade, um carro encostou no meu; o motorista berrava, dizendo que eu lhe roubara a vaga. Ele estava fora de si de raiva e chegou a ameaçar de jogar o seu carro contra o meu. Eu estava assustada e atônita, pois não o vira esperando. As pessoas começaram a se ajuntar e eu saí do carro para tomar satisfações; ele acabou indo embora, deixando-me muito abalada. De repente, reconheci que essa energia violenta era a mesmíssima que eu havia expresso no dia anterior.

UMA BUSCA CÁRMICA

Use esta visualização exploratória para identificar o seu caminho cármico.

1 *Ponha a atenção na respiração, conforme descrito na página 23, até se sentir completamente relaxado. Em seguida abra-se para toda imagem e sensação que tenha um sentido especial para você. Por exemplo, você pode ter um amor instintivo por uma língua, um lugar, uma construção ou uma paisagem.*

2 *Ou, talvez você tenha aversões incontroláveis; sem nenhuma razão aparente, talvez você reaja violentamente a um animal, a um uniforme, a uma cor ou um cheiro. Isso pode estar ligado à causa da sua última morte – especialmente se tem um pavor anormal de fogo ou de facas.*

3 *Deixe que essas imagens vagueiem na sua mente sem tentar racionalizá-las. Isso lhe dará condições de entrar novamente em contato com as áreas mais profundas da sua vida de modo natural e intuitivo.*

4 *Aos poucos, você fará a ligação criativa com o seu eu essencial – a identidade nuclear que abre o seu caminho através do tempo. Você pode reconhecer uma imagem que tem origem em éons passados que lhe é estranhamente familiar nesse mesmo momento. Você está vendo a si mesmo, percorrendo o seu caminho cármico.*

A Canalização de Mensagens Espirituais

As pessoas que servem como canais para as informações espirituais de fontes superiores de conhecimento praticam uma forma especializada de mediunidade. Médiuns normais (ver página 142) comunicam-se com espíritos desencarnados – as almas dos que morreram e habitam o plano astral – enquanto os canalizadores transmitem informações de contatos mais impessoais. Esses contatos mais impessoais incluem os espíritos que completaram o ciclo de encarnações terrenas, os espíritos-guias superiores e os Mestres Ascensionados, que foram além dos limites da alma.

A canalização pode trazer grandes recompensas; ela é tanto um meio de acesso às informações

cósmicas como uma passagem que o leva a outras dimensões. Entretanto, para obter resultados significativos, a integridade da sua motivação é essencial. O seu objetivo é entrar em sintonia com as fontes mais autênticas, confiáveis e benignas: isso exige inteligência, lucidez de pensamento e trabalho dedicado à consciência de si e à cura.

Antes de tentar o exercício de canalização descrito na página 171, procure responder ao questionário abaixo para verificar se você está pronto para prosseguir.

Você está pronto para canalizar?

Se responder "sim" a uma pergunta, assinale a quadrícula que lhe corresponde. Some o que foi marcado e anote o total.

Qual é o seu motivo para querer repassar material canalizado?

❏ **a** Obter conhecimento que inspire.
❏ **b** Expandir a sua consciência.
❏ **c** Para que outros o respeitem ou prestem mais atenção a você.

Descreva a sua constituição física:

❏ **a** Você raramente fica doente.
❏ **b** Você geralmente sofre de resfriados e outras indisposições menores.
❏ **c** Você freqüentemente consulta médicos e curandeiros ou recorre a farmácias.

Que tipo de material de leitura você prefere?

❏ **a** Histórias sensacionais.
❏ **b** Informações sobre uma ampla variedade de assuntos.
❏ **c** Romances escapistas.

Quanto tempo você está preparado a reservar para se desenvolver como canal?

❏ **a** Quando sentir disposição.
❏ **b** Tantos anos quantos sejam necessários.
❏ **c** Talvez uma vez por semana durante uma hora ou duas.

Você é uma pessoa que:

❏ **a** Não tem medo.
❏ **b** Raramente se assusta com alguma coisa.
❏ **c** Está sempre alerta, esperando que coisas ruins aconteçam.

Avaliação

❏ **3-5 cs**
Você é mais indicado para alguma outra forma de trabalho psíquico ou de cura.

❏ **3-5 as**
Você parece alimentar algumas idéias irrealistas sobre si mesmo e precisa envolver-se em mais trabalho de autodescoberta e de cura antes de fazer alguma coisa com canalização.

❏ **3-5 bs**
Você tem boas perspectivas e pode desenvolver habilidades de canalização muito apropriadamente, com dedicação e propósito.

A canalização tem sido amplamente usada em anos recentes, mas a qualidade das mensagens varia muito. Algumas prevêem mudanças alarmantes para o nosso planeta, freqüentemente em termos sensacionalistas e assustadores. Outras revelações têm um núcleo de percepções autênticas que estão estimulando mudanças radicais em consciência espiritual. Tenha sempre uma atitude de discernimento com relação a essas informações.

Se você resolver tentar a canalização, entenda que isso implica entrar num estado de concentração. Como você pode não lembrar o conteúdo do que lhe foi dirigido, peça a um amigo de confiança que grave ou escreva as mensagens que você recebe.

Informação canalizada

Quando a canalização se concretiza através da palavra falada, ela penetra na mente de toda a humanidade e cria uma energia de realização. Embora essa jornada espiritual jamais seja fácil, as recompensas são grandes.

"Às vezes ele pode viajar na escuridão, e a ilusão de escuridão é muito real. Às vezes ele pode viajar numa luz tão deslumbrante e ofuscante que mal consegue ver o caminho à frente. Ele pode saber o que é tropeçar no caminho e cair sob o cansaço do serviço e da luta, ficar temporariamente distraído e errar por veredas de ambição, de egoísmo e de encanto material. Mas o deslize será breve. Nada no céu ou no inferno, na terra ou em qualquer outro lugar pode impedir o progresso do homem que despertou da ilusão, que teve um vislumbre da realidade, além do encantamento do plano astral."

Alice Bailey, *Serving Humanity*

SINTONIA COM A LUZ

1 *Ao preparar-se para canalizar, evite ingerir alimentos pesados e dê um intervalo de pelo menos duas horas antes de começar este procedimento.*

2 *Faça o exercício de meditação da página 23 e use o tempo que for necessário para chegar a um estado de relaxamento profundo.*

3 *Concentre a sua energia no chakra do coração. Mantenha-a aí, fazendo pelo menos três respirações normais e profundas.*

4 *Visualize um cristal de diamante gigante pairando acima da sua cabeça e invoque as fontes superiores da consciência espiritual divina.*

5 *Veja e reconheça a pura energia derramando-se no cristal. Sinta e ouça a freqüência da luz vibrando nele.*

6 *Nesse ponto, você pode sentir um som sussurrado formando-se dentro de você – entoe esse som, propagando-o ao seu redor.*

7 *Visualize a luz dividindo-se nas cores do arco-íris e irradiando-se do cristal diretamente para os seus centros superiores. Absorva esses raios.*

8 *Deixe a mente tornar-se totalmente aberta e livre – e não pense. Deixe que as palavras entrem na sua mente e expresse-as em voz alta sem ouvir o que você está dizendo. Isso exige certa prática, mas você aprenderá a avaliar se a mensagem é autêntica.*

9 *Quando a sua ligação de canalização terminar, volte ao estado normal. Preste atenção, concentre-se nos pés e sinta uma raiz robusta de energia ligando-os à terra.*

10 *Ao terminar o exercício, dê um passeio e coma alguma coisa sólida com um líquido quente.*

Índice

Agradecimentos

Agradecimentos da Autora

Os meus mais cordiais agradecimentos para: a dedicada equipe da Carroll & Brown; Derek Hawkins, pela ajuda com a página de astrologia; meu marido Rupert, pela assistência com a seção de cura e pelo contínuo apoio amoroso.

Para mais informações sobre a School of Insight and Intuition, ver www.insightandintuition.com

Carroll & Brown gostariam de agradecer a:

Roland Codd, Emily Cook, Justin Ford, Tom Broder, Jürgen Ziewe, Karol Davies, Nigel Reed, Paul Stradling, Sandra Schneider e Madeline Weston

Créditos das imagens

Página 9 Getty Images; página 15 (esquerda) Jules Selmes; página 27 AUM, imagem digital de Judith Cornell Ph.D., autora premiada de *Mandala: Luminous Symbols for Healing*, www.mandala-universe.com; página 32 (esquerda) Telegraph Colour Library, (segunda à esquerda) Art Wolfe/SPL; página 40 Museo Dali, Figueras, Spain/Index/Bridgeman Art Library ©Salvador Dali; Gala-Salvador Dali Foundation, DACS, London 2001; página 42 Manfred Kage/Science Photo Library; página 75 Sue Baker/Science Photo Library; página 86 The Charles Walker Collection; página 87 The Charles Walker Collection; página 112 Elgin and Hall, auxílio ao cliente 01677 450100 www.elgin.co.uk; página 143 Getty Images; página 147 (segunda à esquerda) Jules Selmes; página 149 Profile de Odilon Redon 1840-1916, Christies/Bridgeman Art Library; página 170-1 David Parker/Science Photo Library

Crédito de texto

página 170-1 A. Bailey, *Serving Humanity* (Lucius Press)

Fizemos todos os esforços para entrar em contato com os proprietários do copyright da ilustração da capa, assim como das páginas 162, 167. Pedimos desculpas antecipadamente por qualquer omissão e gostaríamos de inserir os devidos agradecimentos nas edições subseqüentes desta publicação.